MARTINEZ

La Risa

Henri Bergson

Colección: Montaber
Director: Adrià Gibernau

LA RISA. Ensayo sobre el significado de la comicidad
Henri Bergson
© de esta edición, ICG Marge, SL

2.ª edición, 2016, © Ediciones Godot, ISBN 978-987-4086-03-7
3.ª edición, 2019, ICG Marge, SL

Edita: Marge Books
València, 558 – 08026 Barcelona
Tel. 931 429 486 - marge@margebooks.com
www.margebooks.com

Traducción: Rafael Blanco
Edición: Hernán López Winne
Diseño interior y cubierta: Víctor Malumián
Ilustración de Henri Bergson: Juan Pablo Martínez
Impresión: Safekat, SL (Madrid)

ISBN: 978-84-17903-24-4
Depósito Legal: B 24690-2019

El papel empleado en este libro no ha sido blanqueado con cloro elemental (CI_2).

El autor

Índice

Prólogo a la primera edición[1]

REUNIMOS EN UN VOLUMEN tres artículos sobre la risa (o más bien sobre la risa especialmente provocada por la comicidad) que publicamos hace poco en la *Revue de Paris*. Dichos artículos tenían por objeto determinar las principales "categorías" cómicas, agrupar el mayor número posible de hechos y extraer las leyes que los rigen: excluían, por su forma, las discusiones teóricas y la crítica de los sistemas. Al reeditarlos, ¿debíamos añadir un examen de los trabajos relativos al mismo tema y comparar nuestras conclusiones con las de nuestros predecesores? Quizás nuestra tesis habría ganado en solidez; pero nuestra exposición se habría complicado más de la cuenta y, además, habría dado lugar a un volumen desproporcionado con la importancia del tema tratado. Hemos decidido, en consecuencia, reproducir los artículos tal y como fueron publicados. Tan solo añadimos la indicación de las principales investigaciones emprendidas acerca de la cuestión de la comicidad en los últimos treinta años.

---

1 [Este prólogo será sustituido por el prefacio siguiente a partir de la 23ª edición].

Hecker, *Physiologie und Psychologie des Lachens und des Komischen*, 1873.

Dumont, *Théorie scientifique de la sensibilité*, 1875, p. 202 y siguientes. Cf., del mismo autor, *Les causes du rire*, 1862.

Courdaveaux, *Études sur le comique*, 1875.

Darwin, *L'expression des émotions*, trad. fr., 1877, p. 214 y siguientes.

Philbert, *Le rire*, 1883.

Bain (A.), *Les émotions et la volonté*, trad. fr., 1885, p. 249 y siguientes.

Kraepelin, *Zur Psychologie des Komischen* (Philos. Studien, vol. II, 1885).

Piderit, *La mimique et la physiognomie*, trad. fr., 1888, p. 126 y siguientes.

Spencer, *Essais*, trad. fr., 1891, vol. I, p. 295 y siguientes. *Physiologie du rire*.

Penjon, *Le rire et la liberté* (Revue philosophique, 1893, t. II).

Mélinand, *Pourquoi rit-on?* (Revue des Deux-Mondes, febrero de 1895).

Ribot, *La psychologie des sentiments*, 1896, p. 342 y siguientes.

Lacombe, *Du comique et du spirituel* (Revue de métaphysique et de morale, 1897).

Stanley Hall and A. Allin, *The psychology of laughting, tickling and the comic* (American journal of Psychology, vol. IX, 1897).

Lipps, Komik und Humor, 1898. Cf., del mismo autor, *Psychologie der Komik* (Philosophische Monatshefte, vol. XXIV, XXV).

Heymans, *Zur Psychologie der Komik* (Zeitschr. f. Psych. u. Phys. der Sinnesorgane, vol. XX, 1899).

Prefacio[2]

ESTE LIBRO COMPRENDE TRES artículos sobre la risa (o más bien sobre la risa especialmente provocada por la comicidad) que publicáramos en su día en la *Revue de Paris*[3]. Al reunirlos en un volumen, nos preguntamos si debíamos examinar a fondo las ideas de nuestros predecesores e instituir una crítica en regla de las teorías de la risa. Nos pareció que nuestra exposición se complicaría más de la cuenta y daría lugar a un volumen desproporcionado con la importancia del tema tratado. Además, las principales definiciones de comicidad habían sido discutidas por nosotros explícita o implícitamente, si bien de forma breve, a propósito de tal o cual ejemplo que hacía pensar en alguna de ellas. De manera que nos limitamos a reproducir nuestros artículos. Tan solo añadimos una lista de los principales trabajos publicados acerca de la comicidad en los treinta años anteriores.

2. [Prefacio de la 23ª edición (1924)]

3. *Revue de Paris*, 1 y 15 de febrero, 1 de marzo de 1899. [En realidad 1 de febrero de 1900, pp. 512-544, 15 de febrero de 1900, pp. 759-790 y 1 de marzo de 1900, pp. 146-179].

Otros trabajos han aparecido desde entonces. Por lo tanto, la lista que vamos a proporcionar ahora es más larga. Pero no hemos aportado modificación alguna al libro en sí[4]. No queremos decir con ello, por supuesto, que esos diversos estudios no hayan aclarado en más de un aspecto la cuestión de la risa. Pero nuestro método, que consiste en determinar los procedimientos de fabricación de la comicidad, contrasta con el habitual, que busca encerrar los efectos cómicos en una fórmula muy amplia y muy simple. Estos dos métodos no se excluyen mutuamente; pero todo lo que pueda proporcionar el segundo dejará intactos los resultados del primero; y este es el único, en nuestra opinión, que comporta una precisión y un rigor científicos. Tal es, de hecho, el asunto que destacamos al lector en el apéndice que añadimos a la presente edición.

H. B. | París, enero de 1924

Hecker, *Physiologie und Psychologie des Lachens und des Komischen*, 1873.

Dumont, *Théorie scientifique de la sensibilité*, 1875, p. 202 y siguientes. Cf., del mismo autor, *Les causes du rire*, 1862.

Courdaveaux, *Études sur le comique*, 1875.

Philbert, *Le rire*, 1883.

Bain (A.), *Les émotions et la volonté*, trad. fr., 1885, p. 249 y siguientes.

Kraepelin, *Zur Psychologie des Komischen* (Philos. Studien, vol. II, 1885).

---

4. Eso sí, hemos hecho algunos retoques formales.

Spencer, *Essais*, trad. fr., 1891, vol. I, p. 295 y siguientes. *Physiologie du rire.*

Penjon, *Le rire et la liberté* (Revue philosophique, 1893, t. *II*).

Mélinand, *Pourquoi rit-on?* (*Revue des Deux-Mondes*, febrero de 1895).

Ribot, *La psychologie des sentiments*, 1896, p. 342 y siguientes.

Lacombe, *Du comique et du spirituel* (*Revue de métaphysique et de morale*, 1897).

Stanley Hall and A. Allin, *The psychology of laughting, tickling and the comic* (*American journal of Psychology*, vol. IX, 1897).

Meredith, *An essay on Comedy*, 1897.

Lipps, *Komik und Humor*, 1898. Cf., del mismo autor, Psychologie der Komik (*Philosophische Monatshefte*, vol. XXIV, XXV).

Heymans, *Zur Psychologie der Komik* (*Zeitschr. f. Psych. u. Phys. der Sinnesorgane*, vol. XX, 1899).

Ueberhorst, *Das Komische*, 1899.

Dugas, *Psychologie du rire*, 1902.

Sully (James), *An essay on laughter,* 1902 (Trad. fr. de L. y A. Terrier : Essai sur le rire, 1904).

Martin (L. J.), P*sychology of Aesthetics : The comic* (American Journal of Psychology, 1905, vol. XVI, p. 35-118).

Freud (Sigm.), *Der Witz und seine Beziehung zum Unbewussten*, 1905 ; 2ª edición, 1912.

Cazamian, *Pourquoi nous ne pouvons définir l'humour* (Revue germanique, 1906, p. 601-634).

Gaultier, *Le rire et la caricature,* 1906.

Kline, *The psychology of humor* (American Journal of Psychology, vol. XVIII, 1907, p. 421-441).

Baldensperger, *Les définitions de l'humour* (Études d'histoire littéraire, 1907, vol. I).

Bawden, *The Comic as illustrating the summation-irradiation theory of pleasure-pain* (Psychological Review, 1910, vol. XVII, p. 336-346).

Schauer, *Ueber das Wesen der Komik (Arch. f. die gesamte Psychologie*, vol. XVIII, 1910, p. 411-427).

Kallen, *The aesthetic principle in comedy (American Journal of Psychology*, vol. XXII, 1911, p. 137-157).

Hollingworth, *Judgments of the Comic* (Psychological Review, vol. XVIII, 1911, p. 132-156).

Delage, *Sur la nature du comique (Revue du mois*, 1919, vol. XX, p. 337-354).

Bergson, *À propos de «la nature du comique»*. Respuesta al artículo anterior (*Revue du mois*, 1919, vol. XX, p. 514-517). Reproducido parcialmente en el apéndice de la presente edición.

Eastman, *The sense of humor*, 1921.

Capítulo I

De la comicidad en general. La comicidad de las formas y la comicidad de los movimientos. Fuerza de expansión de la comicidad

¿QUÉ SIGNIFICA LA RISA? ¿Qué hay en el fondo de lo risible? ¿Qué puntos en común encontraríamos entre la mueca de un payaso, un juego de palabras, un enredo de vodevil, una escena de fina comedia? ¿Qué destilación nos dará la esencia, siempre la misma, a la que tantos y tan variados productos le deben su indiscreto olor o su delicado perfume? Los más grandes pensadores, desde Aristóteles, han afrontado este pequeño problema que siempre se resiste al esfuerzo, se resbala, huye y se vuelve a erguir, impertinente desafío lanzado a la especulación filosófica.

Nuestra excusa, al decidirnos a afrontar nosotros también dicho problema, es que no intentaremos encerrar la fantasía cómica en una definición. Vemos en ella, ante todo, algo vivo. La trataremos, por muy ligera que sea, con el respeto que se le debe a la vida.

Nos limitaremos a observar cómo crece y se desarrolla. Forma tras forma, mediante imperceptibles gradaciones, sufrirá delante de nuestros ojos muy singulares metamorfosis. No desdeñaremos nada de lo que hayamos visto. De hecho, tal vez ganemos con este contacto permanente algo más flexible que una definición teórica; un conocimiento práctico e íntimo, como el que nace de una larga camaradería. Y tal vez nos parezca también que hemos adquirido, sin quererlo, un conocimiento útil. Razonable, a su manera, hasta en sus mayores extravíos, metódica en su locura, soñadora, de acuerdo, pero sin dejar de evocar en sueños visiones que enseguida son aceptadas y comprendidas por toda una sociedad, ¿cómo no iba a informarnos la fantasía cómica sobre los procedimientos de trabajo de la imaginación humana y más concretamente de la imaginación social, colectiva, popular? Procedente de la vida real, emparentada con el arte, ¿cómo no iba a decirnos asimismo lo que opina del arte y de la vida?

Primero vamos a presentar tres observaciones que consideramos fundamentales. Se refieren menos a la propia comicidad que al lugar donde hay que buscarla.

I

Este es el primer aspecto que destacaremos: No hay comicidad fuera de lo propiamente humano. Un paisaje podrá ser hermoso, armonioso, sublime, insignificante o feo, pero nunca será risible. Nos reiremos de un animal, pero porque habremos descubierto en él una actitud de hombre o una expresión humana. Nos reiremos de un sombrero; pero no nos estaremos burlando del trozo de fieltro o paja, sino de la forma que le han dado unos hombres, del capricho humano que lo ha moldeado. ¿Cómo es posible que algo tan importante, en su sencillez, no haya llamado más la atención de los filósofos? Varios han definido al hombre como "un animal que sabe reír". También podrían haberlo definido como un animal que hace reír, pues si algún otro animal lo consigue, o algún objeto inanimado, es por un parecido con el hombre, por la marca que el hombre le imprime o por el uso que el hombre hace de él.

Señalemos ahora, como un síntoma no menos digno de observación, la insensibilidad que suele acompañar a la risa. Parece que la comicidad solo puede producir su estremecimiento cayendo en una superficie de alma bien tranquila, bien llana. La indiferencia es su entorno natural. El mayor enemigo de la risa es la emoción. No quiero decir que no podamos reírnos de una persona que nos inspire piedad, por ejemplo, o incluso ternura: pero por unos instantes olvidaremos dicha ternura, acallaremos dicha piedad. En una sociedad de inteligencias puras es probable que ya no se llorase, pero tal vez se seguiría riendo; mientras que unas almas invariablemente sensibles, en perfecta sintonía con la vida, en las que todo acontecimiento se prolongaría en resonancia sentimental, ni conocerían ni comprenderían la risa. Intente, por un momento, interesarse por todo lo que se dice y lo que se hace, actúe, en su imaginación, con los que actúan, sienta con los que sienten, lleve, en definitiva, su simpatía a su máximo esplendor: como por arte de magia verá que los objetos más ligeros ganan peso, mientras una coloración severa tiñe todas las cosas. Ahora desapéguese, asista a la vida como espectador indiferente: muchos dramas se volverán comedia. No tenemos más que taparnos los oídos cuando suena la música, en un salón de baile, para que los bailarines nos resulten ridículos. ¿Cuántas acciones humanas superarían una prueba de este tipo? ¿Y acaso no veríamos cómo muchas de ellas dejan de pronto de ser graves para ser divertidas, si las aislásemos de la música de sentimiento que las acompaña? La comicidad exige pues, para surtir todo su efecto, algo así como una anestesia momentánea del corazón, pues se dirige a la inteligencia pura.

Eso sí, dicha inteligencia debe permanecer en contacto con otras inteligencias. Este es el tercer hecho que deseábamos destacar. No disfrutaríamos la comicidad si nos sintiéramos aislados. Parece ser que la risa necesita un eco. Escúchelo con atención: no se trata de un sonido articulado, nítido, acabado; es algo que quisiera prolongarse repercutiendo de forma paulatina, algo que empieza con un estallido para luego retumbar, como el trueno en la montaña. Y sin embargo, dicha repercusión no es infinita. Puede caminar dentro de un círculo todo lo vasto que se quiera, pero que no dejará de estar cerrado. Nuestra risa es siempre la risa de un grupo. A lo mejor ha escuchado usted alguna vez, en un vagón o en una mesa común, a unos viajeros contándose historias que debían de ser cómicas para ellos puesto que se reían con ganas. Se habría reído como ellos si hubiera formado parte de su sociedad. Pero al no ser así, usted no tenía ganas de reír. Un hombre al que le preguntaban durante un sermón por qué no lloraba como todos los asistentes respondió: "No soy de la parroquia". Lo que ese hombre pensaba de las lágrimas sería mucho más cierto en el caso de la risa. Por mucha franqueza que se le suponga, la risa esconde una segunda intención de entendimiento, e incluso de complicidad, con otras personas que ríen, reales o imaginarias. ¿Cuántas veces se habrá dicho que la risa de los espectadores, en teatro, es mayor cuanto más llena está la sala? ¿Cuántas veces se habrá resaltado, por otra parte, que muchos efectos cómicos son intraducibles de una lengua a otra, relativos por lo tanto a las costumbres e ideas de una sociedad particular? Pero es la incomprensión de la importancia de este doble hecho la que ha llevado a ver en la comicidad una simple curiosidad que divierte a la mente y en la risa un fenómeno extraño, aislado, sin nexo alguno con el resto de la actividad humana. De ahí esas definiciones que tienden a hacer de la comicidad una relación abstracta percibida por la mente entre las ideas, "contraste intelectual", "absurdo perceptible", etc., definiciones que, aunque sirviesen para todas las formas de la comicidad, no explicarían en absoluto por qué la comicidad nos hace reír. Porque ¿a qué se debe que esta peculiar relación lógica, nada más percibida, nos contraiga, nos dilate, nos sacuda, mientras que todas las demás dejan a nuestro cuerpo indiferente? No afrontaremos el problema desde este ángulo. Para entender la risa, hay que volver a ponerla en su entorno natural, que es la sociedad; y sobre todo hay que determinar su función útil, que es una función social. Tal será, digámoslo desde ya, la idea directriz de todas nuestras investigaciones. La risa debe responder a ciertas exigencias de la vida en común. La risa debe tener un significado social.

Resaltemos claramente el punto en el que convergen nuestras tres observaciones preliminares. La comicidad nacerá, así parece, cuando unos hombres reunidos en grupo dirijan todos su atención hacia uno de ellos, acallando sus sensibilidades y limitándose a usar la inteligencia. ¿Cuál es ahora el punto especial hacia el que deberá dirigirse su atención? ¿A qué se dedicará aquí la inteligencia? Responder a estas cuestiones equivaldrá a delimitar el problema. Pero algunos ejemplos son indispensables.

II

Un hombre que corría por la calle tropieza y cae: los transeúntes ríen. No se reirían de él, creo, si pudieran suponer que de pronto se le ha ocurrido la extravagancia de sentarse en el suelo. Se ríen porque se ha sentado involuntariamente. No es, pues, su brusco cambio de actitud lo que hace reír, sino el carácter involuntario de ese cambio, la torpeza. Quizás había una piedra en su camino. Él tenía que cambiar de ritmo o sortear el obstáculo. Pero por falta de agilidad, por distracción u obstinación del cuerpo, por un efecto de rigidez o de velocidad adquirida, los músculos han seguido efectuando el mismo movimiento cuando las circunstancias requerían otra cosa. Por eso el hombre cae y de eso ríen los transeúntes.

Imaginemos ahora una persona que cumple con sus pequeñas ocupaciones con regularidad matemática. No sabe que los objetos que la rodean han sido alterados por un bromista. Moja la pluma en el tintero y extrae barro, cree sentarse en una silla sólida y acaba tirada en el parqué, hace, en resumen, las cosas al revés o en vano, siempre por un efecto de velocidad adquirida. La costumbre había generado un impulso. Había que detener el movimiento o reorientarlo. Pero nada de eso, la persona ha proseguido mecánicamente en línea recta. La víctima de una broma de taller se encuentra en una situación análoga a la del corredor que cae. Es cómica por la misma razón. Lo risible en ambos casos es una cierta rigidez de mecanismo ahí donde nos gustaría encontrar la atenta agilidad y la viva flexibilidad de una persona. Entre un caso y otro la única diferencia es que el primero se ha producido solo mientras que el segundo ha sido obtenido de modo artificial. El transeúnte se limitaba a observar; el bromista experimenta.

No obstante, en los dos casos, es una circunstancia exterior la que ha determinado el efecto. La comicidad es, pues, accidental; no va más allá, digamos, de la superficie de la persona. ¿Cómo llegará a su interior? La rigidez mecánica deberá prescindir, para revelarse, de un obstáculo colocado delante de ella por las circunstancias o por la malicia del hombre. Deberá extraer de su propio fondo, por medio de una operación natural, incesantes ocasiones de manifestarse exteriormente. Imaginemos una mente que siempre estuviera en lo que acaba de hacer, nunca en lo que hace, como una melodía que en todo momento llegase tarde. Imaginemos una cierta esclerosis nativa de los sentidos y la inteligencia que lo llevase a uno a seguir viendo lo que ya no está, oyendo lo que ya no resuena, diciendo lo que ya no conviene, adaptándose, en suma, a una situación pasada e imaginaria cuando debería amoldarse a la realidad presente. La comicidad se instalará entonces en la persona misma: será la persona la que se lo proporcione todo, materia y forma, causa y ocasión. ¿Acaso podemos extrañarnos de que el distraído (pues ése es el personaje que acabamos de describir) haya estimulado tanto la elocuencia de los autores cómicos? Cuando se cruzó con este carácter en su camino, La Bruyère comprendió, al analizarlo, que ahí había una receta para la fabricación al por mayor de efectos divertidos. Le dio un uso abusivo. Hizo de Menalcas la más larga y minuciosa de las descripciones, retomando, insistiendo, machacando hasta la saciedad. La facilidad del tema lo retenía. Y es que es posible que con la distracción no estemos en la fuente misma de la comicidad, pero es seguro que estamos en una cierta corriente de hechos e ideas que viene directamente de dicha fuente. Estamos en una de las grandes vertientes naturales de la risa.

Pero el efecto de la distracción puede también verse reforzado. Hay una ley general de la que acabamos de encontrar una primera aplicación y que formularemos así: cuando un cierto efecto cómico deriva de una cierta causa, el efecto nos parecerá más cómico cuanto más natural nos resulte la causa. Ya nos reímos de la distracción que nos es presentada como un simple hecho. Más risible será la distracción que hayamos visto nacer y crecer con nuestros propios ojos, cuyo origen conozcamos y cuya historia podamos reconstituir. Supongamos, por poner un ejemplo preciso, que un personaje ha hecho de las novelas de amor o de caballería su lectura habitual. Atraído, fascinado por sus protagonistas, les entrega, poco a poco, su pensamiento y su voluntad. Helo aquí circulando entre nosotros cual sonámbulo. Sus acciones son distracciones. Pero todas esas distracciones están ligadas a una causa conocida y positiva. Ya no son pura y simplemente ausencias; ahora se explican por la presencia del personaje en un entorno bien definido, aunque imaginario. Sin duda una caída siempre es una caída, pero no es lo mismo caer en un pozo porque se está mirando a otra parte que hacerlo porque se contempla una estrella. Eso es lo que contempla Don Quijote, una estrella. ¡Qué profundidad cómica la del espíritu novelesco y quimérico! Y sin embargo, si restablecemos la idea de distracción que debe servir de intermediaria, vemos que esta comicidad tan profunda está unida a la comicidad más superficial. En efecto, estos espíritus quiméricos, estos exaltados, estos locos tan extrañamente razonables nos hacen reír tocando las mismas fibras en nosotros, activando el mismo mecanismo interior que la víctima de una broma de taller o el transeúnte que resbala por la calle. Ellos también son corredores que caen e inocentes engañados, corredores de ideal que tropiezan con las realidades, cándidos soñadores a los que la vida acecha con malicia. Pero sobre todo son muy distraídos, con esta superioridad sobre los demás: que su distracción es sistemática, organizada en torno a una idea central; que sus desventuras están vinculadas también, vinculadas por la inexorable lógica que la realidad aplica para corregir al sueño; y que así ellos provocan a su alrededor, por medio de efectos capaces de sumarse todo el tiempo unos a otros, una risa que nunca deja de crecer.

Demos ahora un paso más. ¿No serán algunos vicios al carácter lo que la rigidez de la idea fija es a la mente? Mala costumbre de la naturaleza o contractura de la voluntad, el vicio se parece a menudo a una curvatura del alma. Sin duda hay vicios en los que el alma se instala en profundidad con toda la potencia fecundante que le es propia, arrastrándolos, vivificados, por un círculo movedizo de transfiguraciones. Se trata de vicios trágicos. Pero el vicio que nos volverá cómicos es, en cambio, el que nos traen desde fuera como un marco preestablecido en el que nos integraremos. Dicho vicio nos impone su rigidez, en lugar de adquirir nuestra agilidad. Nosotros no lo complicamos: él nos simplifica. Ahí precisamente parece residir –como trataremos de mostrar con todo detalle en la última parte de este estudio– la diferencia esencial entre comedia y drama. Un drama, aunque retrate pasiones o vicios que tienen nombre, los incorpora tan bien al personaje que sus nombres se olvidan, que sus características generales se disipan y que dejamos de pensar en ellos para pensar en la persona que los absorbe; de ahí que el título de un drama casi siempre sea un nombre propio. En cambio, muchas comedias son designadas con un nombre común: El avaro, El jugador, etc. Si le pido que se imagine una obra que pueda llamarse El celoso, por ejemplo, ya verá que le viene a la mente Sganarelle, o George Dandin, pero no Otelo; El celoso solo puede ser un título de comedia. Y es que el vicio cómico podrá unirse todo lo íntimamente que se quiera a las personas, pero seguirá conservando su existencia independiente y simple; es él el personaje central, invisible y presente, del que cuelgan los personajes de carne y hueso en el escenario. A veces se divierte arrastrándolos con su peso para que rueden con él por una pendiente. Pero lo más frecuente es que los manipule como instrumentos musicales o como títeres. Fíjese con atención: verá que el arte del poeta cómico consiste en darnos a conocer tan bien el vicio, en introducirnos a los espectadores hasta tal punto en su intimidad, que terminamos obteniendo de él algunos hilos de la marioneta con la que juega; y entonces nosotros jugamos con ella; una parte de nuestro placer viene de ahí. O sea que, en este caso, también es una especie de automatismo lo que nos hace reír. Un automatismo muy próximo a la simple distracción. Bastará, para convencerse, con notar que un personaje cómico es generalmente cómico en la medida exacta en que se ignora a sí mismo. La comicidad es inconsciente. Como si usara el anillo de Giges al revés, se vuelve invisible para sí mismo y visible para todos los demás. Un personaje de tragedia no cambiará nada de su conducta porque sepa lo que nosotros pensamos; podrá perseverar en ella, incluso con la plena conciencia de lo que es él, incluso con el nítido sentimiento del horror que nos inspira. Pero un defecto ridículo, desde el momento en que se siente ridículo, intenta modificarse, al menos en apariencia. Si Harpagón viera que nos reímos de su avaricia, no digo que se corregiría, pero nos la mostraría menos, o nos la mostraría de otra forma. Digámoslo desde ya, este es el sentido principal cuando se dice que la risa "castiga los vicios", pues hace que enseguida procuremos aparentar lo que deberíamos ser, lo que sin duda algún día acabaremos siendo de verdad.

Es inútil llevar más lejos este análisis por ahora. Del corredor que cae al inocente engañado, del engaño a la distracción, de la distracción a la exaltación, de la exaltación a las diversas deformaciones de la voluntad y el carácter, acabamos de hacer un seguimiento del progreso que conduce a la comicidad a adentrarse cada vez más en la persona, sin por ello dejar de recordarnos, en sus manifestaciones más sutiles, algo de lo que percibíamos en sus formas más burdas, un efecto de automatismo y rigidez. Ahora podemos tener una primera visión, bien lejana, es cierto, vaga y confusa aún, del lado risible de la naturaleza humana y de la función habitual de la risa.

Lo que la vida y la sociedad nos exigen a cada uno de nosotros es una atención siempre alerta que distinga los contornos de la situación presente, así como una cierta elasticidad del cuerpo y de la mente que nos permita adaptarnos a la misma. Tensión y elasticidad, dos fuerzas complementarias que la vida pone en juego. ¿Es el cuerpo el que carece de ellas? Se conocerán accidentes de todo tipo, minusvalías, enfermedades. ¿Es la mente? Se alcanzarán todos los niveles de la pobreza psicológica, todas las variedades de la locura. ¿Es el carácter? Tendremos las inadaptaciones profundas a la vida social, fuentes de miseria, a veces generadoras de crimen. Una vez apartadas estas inferioridades relativas a la dimensión seria de la existencia (y tienden a eliminarse a sí mismas en lo que se ha dado en llamar la lucha por la vida), la persona puede vivir, y vivir con otras personas. Pero la sociedad requiere algo más. No le basta con vivir; quiere vivir bien. Lo que ahora le resulta temible es que cada uno de nosotros, satisfecho con otorgar su atención a lo que afecta a la dimensión esencial de la vida, se deje llevar en todo lo demás por el fácil automatismo de los hábitos contraídos. Y también tiene miedo de que los miembros que la componen, en vez de buscar un equilibrio cada vez más delicado de voluntades que encajen con precisión cada vez mayor unas en otras, se conformen con respetar las condiciones fundamentales de dicho equilibrio: un acuerdo sin más entre las personas no le basta, quiere un esfuerzo constante de adaptación recíproca. Por lo tanto, toda rigidez del carácter, la mente e incluso el cuerpo será sospechosa para la sociedad al ser la señal posible de una actividad que se duerme y también de una actividad que se aísla, que tiende a apartarse del centro común en torno al cual gravita la sociedad, es decir de una excentricidad. Y sin embargo la sociedad no puede intervenir aquí con una represión material, ya que no ha sido atacada materialmente. Está en presencia de algo que la preocupa, pero tan solo como síntoma: apenas una amenaza, si acaso un gesto. Así que responderá con un simple gesto. La risa debe ser algo así, una especie de gesto social. Por el temor que inspira, reprime las excentricidades, mantiene siempre alerta y en contacto recíproco ciertas actividades accesorias que podrían aislarse y dormirse, flexibiliza cualquier resto de rigidez mecánica que pueda quedar en la superficie del cuerpo social. La risa no es, pues, una cuestión de estética pura, ya que persigue (de forma inconsciente e incluso inmoral en muchos casos especiales) un objetivo útil de perfeccionamiento general. No obstante, hay algo estético en ella ya que la comicidad nace en el preciso instante en que la sociedad y la persona, liberadas de la preocupación por su conservación, empiezan a tratarse a sí mismas como obras de arte. En pocas palabras, si trazamos un círculo alrededor de las acciones y disposiciones que comprometen la vida individual o social y que se castigan a sí mismas con sus consecuencias naturales, queda fuera de dicho terreno de emoción y de lucha, en una zona neutra en la que el hombre simplemente es un espectáculo para el hombre, una cierta rigidez del cuerpo, la mente y el carácter que la sociedad quisiera eliminar también para obtener de sus miembros la máxima elasticidad y la mayor sociabilidad posibles. Esta rigidez es la comicidad y la risa es su castigo.

Eso sí, no caigamos en el error de pedirle a esta sencilla fórmula una explicación inmediata de todos los efectos cómicos. Es sin duda apropiada para casos elementales, teóricos, perfectos, en los que la comicidad se halla en estado puro, libre de toda mezcla. Pero lo que queremos es, sobre todo, convertirla en el leitmotiv que acompañe todas nuestras explicaciones. La tendremos siempre en cuenta pero sin dejarnos obnubilar, un poco como el buen esgrimista debe pensar en los movimientos discontinuos de la lección mientras su cuerpo se deja llevar por la continuidad del asalto. Ahora es la continuidad misma de las fuerzas cómicas lo que vamos a intentar restablecer, recuperando el hilo que va de las bufonadas del payaso a los juegos más refinados de la comedia, siguiendo dicho hilo por rodeos a menudo imprevistos, estacionando de tanto en tanto para mirar a nuestro alrededor y regresando, si es posible, al punto del que el hilo cuelga y en el que tal vez se nos haga visible –puesto que la comicidad oscila entre la vida y el arte– el vínculo general del arte con la vida.

III

Empecemos con lo más sencillo. ¿Qué es una fisonomía cómica? ¿De dónde viene una expresión ridícula del rostro? ¿Y dónde está aquí la diferencia entre la comicidad y la fealdad? Planteada así, la cuestión solo ha podido ser resuelta arbitrariamente. Por simple que parezca, es demasiado sutil para dejarse abordar de frente. Habría que empezar por definir la fealdad, para luego buscar lo que añade la comicidad: ahora bien, la fealdad no es mucho más fácil de analizar que la belleza.

Pero vamos a probar un artificio que nos servirá a menudo. Vamos a ensanchar el problema, digamos, agrandando el efecto hasta hacer visible la causa. Agravemos pues la fealdad, llevémosla hasta la deformidad y veamos cómo pasamos de lo deforme a lo ridículo.

Está fuera de toda discusión que algunas deformidades tienen por encima de las demás el triste privilegio de poder, en algunos casos, provocar la risa. No sirve de nada entrar en detalles. Tan solo pidámosle al lector que examine las diversas deformidades y que luego las divida en dos grupos: las que la naturaleza ha orientado hacia el lado de lo risible y las que se apartan totalmente. Creemos que extraerá la siguiente ley: Puede ser cómica toda deformidad que una persona bien formada logre imitar.

¿No resultará entonces que el jorobado parece un hombre que no se pone derecho? Su espalda habrá adquirido una mala costumbre. Por obstinación material, por rigidez, persistirá en el hábito contraído. Pruebe a ver solo con los ojos. No reflexione y, sobre todo, no razone. Borre todo conocimiento; busque la impresión inocente, inmediata, original. Lo que obtendrá será una visión de este tipo. Ante usted habrá un hombre que ha querido adoptar cierta rigidez y, si pudiéramos hablar así, hacer muecas con el cuerpo.

Volvamos ahora al aspecto que queríamos aclarar. Al atenuar la deformidad risible, deberíamos obtener la fealdad cómica. Así pues, una expresión risible del rostro será la que nos haga pensar en algo rígido, petrificado, por decirlo así, en la movilidad habitual de la fisonomía. Un tic consolidado, una mueca detenida, eso es lo que veremos. ¿Se objetará que toda expresión habitual del rostro, incluso la armoniosa y bella, nos da la misma impresión de hábito adquirido para siempre? Hay que hacer aquí una distinción importante. Cuando hablamos de una belleza y una fealdad expresivas, cuando decimos que una cara tiene expresión, quizá se trate de una expresión estable, pero nosotros la suponemos móvil. Conserva, en su fijeza, una indecisión en la que se dibujan de forma confusa todos los matices posibles del estado de ánimo que expresa: como las cálidas promesas del día que se respiran en ciertas mañanas vaporosas de primavera. Pero una expresión cómica del rostro es la que no promete nada más de lo que da. Es una mueca única y definitiva. Se diría que toda la vida moral de la persona ha cristalizado en ese sistema. Y por eso no hay rostro más cómico que el que mejor nos sugiere la idea de alguna acción simple, mecánica, en la que la personalidad estuviera absorbida para siempre. Hay rostros que parece que se pasan el día llorando, otros riendo o silbando, otros soplando eternamente una trompeta imaginaria. Son los más cómicos de todos los rostros. Aquí también se comprueba la ley según la cual el efecto resultará más cómico cuanto más natural sea su causa. Automatismo, rigidez, hábito contraído y conservado; por ahí es por donde nos hace reír una fisonomía. Pero el efecto gana en intensidad cuando podemos conectar dichas características con una causa profunda, con una cierta distracción fundamental de la persona, como si el alma se hubiese dejado fascinar, hipnotizar, por la materialidad de una acción simple.

Entonces se entenderá la comicidad de la caricatura. Puede que una fisonomía sea muy regular, que sus líneas parezcan muy armoniosas y sus movimientos muy flexibles, pero su equilibrio jamás será perfecto del todo. Siempre descubriremos en ella la indicación de una arruga anunciada, el esbozo de una mueca posible, una deformación que la naturaleza preferirá al desfigurarse. El arte del caricaturista estriba en descubrir ese movimiento a veces imperceptible y hacerlo visible para todos los ojos agrandándolo. El caricaturista adjudica a sus modelos las muecas que ellos mismos harían si fueran hasta el fondo de sus muecas. Adivina, bajo las armonías superficiales de la forma, las rebeliones profundas de la materia. Lleva a cabo desproporciones y deformaciones que han debido existir en la naturaleza en estado de veleidad, pero que no han podido realizarse, reprimidas por una fuerza mejor. Su arte, que tiene algo diabólico, pone en pie al demonio que el ángel fulminó. Sin duda es un arte que exagera y, sin embargo, lo definen muy mal cuando le asignan por objetivo una exageración, ya que hay caricaturas en las que el parecido es mayor que en ciertos retratos, caricaturas en las que la exageración es apenas sensible, y, a la inversa, se puede exagerar a ultranza sin obtener un auténtico efecto de caricatura. Para ser cómica, la exageración no debe aparecer como el objetivo, sino como un simple medio del que se sirve el dibujante para poner de manifiesto ante nuestros ojos las contorsiones que él ve que se preparan en la naturaleza. Lo que importa, lo que interesa, es esta contorsión. Y por eso irá a buscarla hasta en los elementos de la fisonomía incapacitados para el movimiento, en la curvatura de una nariz e incluso en la forma de una oreja. Y es que la forma es para nosotros el dibujo de un movimiento. El caricaturista que altera la dimensión de una nariz pero respeta su fórmula, alargándola por ejemplo en el sentido mismo en que ya la alargaba la naturaleza, pone realmente a esa nariz a hacer muecas: en adelante nos parecerá que también el original ha querido alargarse y hacer muecas. En este sentido, podría decirse que a menudo la propia naturaleza alcanza éxitos de caricaturista. En el movimiento con el que ha partido una boca, encogido un mentón, inflado una mejilla, da la impresión de que ha conseguido ir hasta el fondo de su mueca, burlando la vigilancia moderadora de una fuerza más razonable. Entonces reímos de una cara que es, digamos, su propia caricatura.

En resumen, sea cual sea la doctrina que abrace nuestra razón, nuestra imaginación tiene una filosofía irrevocable: en toda forma humana percibe el esfuerzo de un alma que modela la materia, alma infinitamente flexible, eternamente móvil, ajena a la gravedad porque no es la tierra la que la atrae. Con su alada levedad esta alma comunica algo al cuerpo que anima: la inmaterialidad que pasa así a la materia es lo que llamamos la gracia. Pero la materia se resiste y se obstina. Atrae hacia sí misma, quisiera convertir a su propia inercia y rebajar al estado de automatismo la actividad siempre alerta de aquel principio superior. Quisiera fijar los movimientos del cuerpo, diversificados con inteligencia, en hábitos contraídos con estupidez, solidificar en muecas duraderas las cambiantes expresiones de la fisonomía, imprimir en toda la persona, en definitiva, una actitud tal que parezca estar hundida y absorbida en la materialidad de alguna ocupación mecánica en vez de renovarse sin cesar con el contacto de un ideal vivo. Ahí donde logra espesar exteriormente la vida del alma, fijar su movimiento, contradecir su gracia, la materia obtiene del cuerpo un efecto cómico.

Así pues, ya que queríamos definir la comicidad relacionándola con su contrario, habría que oponerla a la gracia más aún que a la belleza, puesto que es más rigidez que fealdad.

IV

Vamos a pasar de la comicidad de las formas a la de los gestos y los movimientos. Enunciemos ya la ley que creemos que gobierna los hechos de este tipo. La misma se deduce sin esfuerzo de las consideraciones que acabamos de leer.

Las actitudes, gestos y movimientos del cuerpo humano son risibles en la medida exacta en que dicho cuerpo nos hace pensar en un simple mecanismo.

No analizaremos dicha ley pormenorizando sus aplicaciones inmediatas. Estas son incontables. Para comprobarla directamente, bastaría con estudiar de cerca la obra de los dibujantes cómicos, dejando de lado el aspecto caricaturesco, del que hemos dado una explicación especial, y obviando asimismo la comicidad que no es inherente al dibujo mismo. Porque no nos llevemos a engaño, la comicidad del dibujo es a menudo una comicidad aparente, en deuda sobre todo con la literatura. Lo que queremos decir es que el dibujante puede tener dotes de autor satírico, o incluso de escritor de vodevil, y que entonces reímos mucho menos de los dibujos en sí que de la sátira o la escena de comedia representada. Pero si nos quedamos en el dibujo con la firme voluntad de no fijarnos más que en el dibujo, nos parecerá, creemos, que su comicidad suele ser proporcional a la nitidez, y también a la discreción, con que nos hace ver en el hombre a un muñeco articulado. Es algo que debe ser sugerido de forma nítida y debemos percibir claramente, como al trasluz, un mecanismo desmontable dentro de la persona. Pero también deberá serlo de forma discreta, al objeto de que la persona en su conjunto, con cada uno de sus miembros reducido a la rigidez de una pieza mecánica, siga pareciéndonos un ser con vida. El efecto cómico será más asombroso, y el arte del dibujante más consumado, cuanto mejor ensambladas estén ambas imágenes, la de la persona y la del mecanismo. Y la originalidad de un dibujante cómico podría definirse según el tipo especial de vida que le comunica a un simple muñeco.

Pero dejaremos de lado las aplicaciones inmediatas de dicho principio y solo insistiremos ahora en sus consecuencias más lejanas. La visión de un mecanismo que funcionase en el interior de la persona es algo que se abre camino a través de una multitud de efectos divertidos; pero es, con mayor frecuencia, una visión huidiza, que enseguida se pierde en la risa que provoca. Hace falta un esfuerzo de análisis y reflexión para fijarla.

Imaginemos por ejemplo un orador cuyo gesto rivaliza con la palabra. Celoso de la palabra, el gesto corre tras el pensamiento y también quiere servir de intérprete. De acuerdo; pero en tal caso que se imponga a sí mismo el deber de seguir al pensamiento por todas y cada una de sus evoluciones. La idea es algo que crece, despunta, florece, madura, desde el principio hasta el final del discurso. Jamás se detiene, jamás se repite. Debe cambiar a cada instante, pues dejar de cambiar sería dejar de vivir. ¡Que el gesto se anime como ella! ¡Que acepte la ley fundamental de la vida, que es la de no repetirse jamás! Pero resulta que me da la sensación de que un cierto movimiento del brazo o la cabeza, siempre el mismo, vuelve cada tanto. Si lo noto, si él solo es capaz de distraerme, si yo lo espero y él llega cuando lo espero, sin quererlo me reiré. ¿Por qué? Porque ahora tengo ante mí un mecanismo que funciona de manera automática. Ya no es vida, es un automatismo instalado en la vida y que imita a la vida. Es comicidad.

Ésa es también la razón por la que algunos gestos, de los que antes no se nos ocurría reírnos, se vuelven risibles cuando una nueva persona los imita. Se han buscado explicaciones muy complicadas para este hecho tan simple. Basta con reflexionar un poco sobre el particular para ver que nuestros estados de ánimo cambian de un instante a otro, y que si nuestros gestos siguiesen fielmente a nuestros movimientos interiores, si vivieran como vivimos nosotros, no se repetirían y, por tanto, desafiarían cualquier imitación. Es decir que solo empezamos a volvernos imitables ahí donde dejamos de ser nosotros mismos. Quiero decir que solo se puede imitar de nuestros gestos lo que tienen de mecánicamente uniforme y, por eso mismo, de ajeno a nuestra personalidad viva. Imitar a alguien es extraer el automatismo que ha dejado que se introduzca en su persona. Es pues, por definición, volverlo cómico, y no resulta extraño que la imitación haga reír.

Pero si la imitación de los gestos ya es risible de por sí, lo será aún más cuando se aplique a desviarlos, sin deformarlos, en el sentido de alguna operación mecánica, la de serrar madera, por ejemplo, o la de golpear en un yunque, o la de halar sin descanso del tirador de un timbre imaginario. No es que la vulgaridad sea la esencia de la comicidad (si bien es evidente que algo tiene que ver). Es más bien que el gesto en cuestión parece más resueltamente maquinal cuando puede ser relacionado con una operación simple, como si fuera mecánico por vocación. Sugerir esta interpretación mecánica es sin duda uno de los procedimientos favoritos de la parodia. Nosotros acabamos de deducirlo a priori, pero los payasos seguro que lo intuyeron hace tiempo.

Así se soluciona el pequeño enigma propuesto por Pascal en un fragmento de los *Pensamientos*: "Dos rostros muy semejantes, ninguno de los cuales hace reír en especial, hacen reír juntos por su semejanza". Diríamos igualmente: "Los gestos de un orador, ninguno de los cuales es risible en especial, hacen reír por su repetición". Y es que la vida bien viva no debería repetirse. Ahí donde hay repetición, completa similitud, sospechamos que hay un mecanismo funcionando detrás de lo vivo. Analice su impresión frente a dos rostros demasiado parecidos: verá que piensa en dos ejemplares obtenidos a partir de un mismo molde, o en dos marcas del mismo sello, o en dos reproducciones del mismo *cliché*; en resumen, en un procedimiento de fabricación industrial. Este desvío de la vida en dirección a la mecánica es aquí la auténtica causa de la risa.

Y la risa será mucho más fuerte aún si en el escenario ya no nos presentan a dos únicos personajes, como en el ejemplo de Pascal, sino a varios, al mayor número posible, todos semejantes entre sí, y todos yendo, viniendo, bailando, agitándose juntos, adoptando al mismo tiempo las mismas actitudes, gesticulando de la misma manera. Esta vez pensamos claramente en marionetas. Nos parece que unos hilos invisibles unen los brazos a los brazos, las piernas a las piernas, cada músculo de una fisonomía al músculo análogo de la otra: la inflexibilidad de la correspondencia hace que la flacidez de las formas se solidifique sola delante de nuestros ojos y que todo adquiera una dureza mecánica. Tal es el artificio de este divertimento algo burdo. Los que lo ejecutan quizás no hayan leído a Pascal, pero lo único que hacen, a buen seguro, es ir hasta el fondo de una idea que el texto de Pascal sugiere. Y si la causa de la risa es la visión de un efecto mecánico en el segundo caso, ya lo era, pero más sutilmente, en el primero.

Siguiendo ahora por este camino, percibimos de forma confusa consecuencias cada vez más lejanas, cada vez más importantes también, de la ley que acabamos de establecer. Presagiamos visiones aún más huidizas de efectos mecánicos, visiones sugeridas por las complejas acciones del hombre y ya no solo por sus gestos. Adivinamos que los usuales artificios de la comedia, la repetición periódica de una frase o una escena, la inversión simétrica de los papeles, el desarrollo geométrico de los enredos y muchos juegos más, podrán extraer su fuerza cómica de la misma fuente, pues tal vez el arte del escritor de vodevil radique en presentarnos una articulación visiblemente mecánica de acontecimientos humanos manteniendo en ellos el aspecto exterior de la verosimilitud, es decir la aparente flexibilidad de la vida. Pero no anticipemos resultados a los que el progreso del análisis deberá llegar de forma metódica.

V

Antes de ir más lejos, descansemos un momento y echemos una ojeada a nuestro alrededor. Lo intuíamos al inicio de este trabajo: sería quimérico pretender extraer todos los efectos cómicos de una sencilla fórmula única. La fórmula existe, en cierto sentido, pero no se desarrolla con regularidad. Queremos decir que la deducción debe detenerse cada tanto en ciertos efectos dominantes, y que dichos efectos aparecen todos como modelos en torno a los cuales se disponen, en círculo, nuevos efectos que se les parecen. Estos últimos no se deducen de la fórmula, pero son cómicos por su parentesco con aquellos, que sí se deducen. Citando a Pascal de nuevo, definiremos aquí el funcionamiento de la mente mediante la curva que este geómetra estudió con el nombre de ruleta, la curva descrita por un punto de la circunferencia de una rueda cuando el coche avanza en línea recta: dicho punto gira como la rueda, pero también avanza como el coche. O bien habrá que pensar en una carretera forestal, con cruces (intersecciones en forma de cruz) que la jalonan de tanto en tanto: en cada cruce daremos vueltas alrededor de la cruz, saldremos a reconocer los caminos que se van abriendo y, tras ello, volveremos a la dirección primera. Estamos en uno de esos cruces. Un mecanismo adherido a un ser vivo, he aquí una cruz en la que hay que detenerse, imagen central desde la que la imaginación se propaga en direcciones divergentes. ¿Cuáles son esas direcciones? Percibimos tres principales. Vamos a seguirlas una tras otra y luego retomaremos nuestro camino en línea recta.

A

Para empezar, esta visión del mecanismo y el ser vivo ensamblados nos lleva a desviarnos hacia la imagen más vaga de una rigidez cualquiera que se aplicase a la movilidad de la vida y tratase con torpeza de seguir sus líneas e imitar su flexibilidad. Entonces adivinamos lo fácil que le resultará a una prenda de vestir volverse ridícula. Casi podríamos decir que toda moda es risible en algún aspecto. Solo que, cuando se trata de la moda actual, estamos tan acostumbrados a ella que nos parece que la prenda es parte indisoluble de las personas que la llevan. Nuestra imaginación no las separa. No se nos ocurre oponer la rigidez inerte de la envoltura a la viva flexibilidad del objeto envuelto. Así pues, la comicidad se mantiene aquí en estado latente. Si acaso logrará abrirse camino cuando la incompatibilidad natural sea tan profunda entre el envoltorio y el envuelto que ni siquiera una asociación secular haya logrado consolidar su unión: es el caso del sombrero de copa, por ejemplo. Pero imagínese un excéntrico que se vistiera hoy según la moda de antaño: el traje nos llama la atención, lo distinguimos totalmente de la persona, decimos que la persona se disfraza (como si hubiera prendas que no disfrazasen) y el lado risible de la moda sale de la sombra a la luz.

Empezamos a entrever aquí algunas de las grandes dificultades que el problema de la comicidad plantea en lo relativo a los detalles. Una de las razones que han debido suscitar muchas teorías erróneas o insuficientes de la risa es que hay una multitud de cosas que son cómicas de derecho mas no de hecho, pues la continuidad del uso ha adormecido en ellas la vis cómica. Hace falta una brusca solución de continuidad, una ruptura con la moda, para que dicha vis cómica se despierte. Entonces dará la sensación de que es esa solución de continuidad la que genera la comicidad, cuando tan solo se limita a hacérnosla notar. Se relacionará la risa con la sorpresa, con el contraste, etc., definiciones que se aplicarían igual de bien a una multitud de casos en los que no tenemos la más mínima gana de reír. La verdad no es tan simple.

Pero hemos llegado a la idea de disfraz. De una delegación regular le viene a dicha idea, como acabamos de demostrar, el poder de hacer reír. No será inútil intentar saber el uso que le da a ese poder.

¿Por qué reímos de una cabellera que ha pasado del moreno al rubio? ¿De dónde viene la comicidad de una nariz rubicunda? ¿Y por qué reímos de un negro? Cuestión espinosa, a lo que parece, puesto que algunos psicólogos como Hecker, Kraepelin y Lipps se la han planteado y le han dado respuestas diversas. Me pregunto si no la resolvió un día delante de mí, en la calle, un simple cochero que llamaba "mal lavado" al cliente negro sentado en su vehículo. ¡Mal lavado! Así que un rostro negro sería para nuestra imaginación un rostro embadurnado de tinta o de grasa. Y, en consecuencia, una nariz roja solo puede ser una nariz a la que han aplicado una capa de bermellón. Resulta que el disfraz ha transmitido algo de su vis cómica a casos en los que uno no se ha disfrazado, pero podría haberlo hecho. Antes observábamos que por mucho que la ropa habitual no forme parte de la persona, nos parece que sí porque estamos acostumbrados a verla. Ahora resulta que por mucho que la coloración negra o roja sea inherente a la piel, nos parece adherida artificialmente, porque nos sorprende.

De ahí se deriva, es cierto, una nueva serie de dificultades para la teoría de la comicidad. Una propuesta como esta, "mi ropa habitual forma parte de mi cuerpo", es absurda a los ojos de la razón. Sin embargo, la imaginación la considera cierta. "Una nariz roja es una nariz pintada" o "un negro es un blanco disfrazado" son también puros absurdos para la razón que razona, pero son verdades muy ciertas para la simple imaginación. Por consiguiente, hay una lógica de la imaginación que no es la lógica de la razón, que a veces incluso se le opone y con la que la filosofía no tendrá más remedio que contar, no solo para el estudio de la comicidad, sino también para otras investigaciones del mismo estilo. Es algo así como la lógica del sueño, pero de un sueño que no quedaría abandonado al capricho de la fantasía individual, al ser el sueño soñado por toda la sociedad. Para reconstituirla, es necesario un esfuerzo de una clase muy especial, gracias al cual arrancaremos la costra exterior de juicios bien compactos e ideas sólidamente instaladas para observar cómo fluye en nuestro foro interior, igual que una corriente de agua subterránea, una cierta continuidad natural de imágenes que se ensamblan unas con otras. Esta interpenetración de las imágenes no se hace al azar. Obedece a leyes, o más bien a hábitos, que son a la imaginación lo que la lógica es al pensamiento.

Analicemos pues esta lógica de la imaginación en el caso especial que nos ocupa. Un hombre que se disfraza es cómico. Un hombre que nos parece disfrazado también es cómico. Por extensión, todo disfraz se volverá cómico, no solo el del hombre, sino también el de la sociedad, e incluso el de la naturaleza.

Empecemos con la naturaleza. Reímos de un perro medio esquilado, de un parterre con flores coloreadas artificialmente, de un bosque cuyos árboles están empapelados con carteles electorales, etc. Busque usted la razón; verá que piensa en una mascarada. Pero la comicidad, aquí, está muy atenuada. Se halla demasiado lejos de la fuente. ¿Cómo hacer para reforzarla? Habrá que volver a la fuente misma, devolver la imagen derivada, la de la mascarada, a la imagen primitiva, que era, recordemos, la de un trucaje mecánico de la vida. Una naturaleza trucada de forma mecánica, he aquí un motivo resueltamente cómico sobre el cual la fantasía podrá ejecutar variaciones con la certeza de conseguir las carcajadas esperadas. Nos viene a la memoria el momento tan divertido de Tartarín en los Alpes en el que Bompard hace que Tartarín acepte (y un poco también, como consecuencia, el lector) la idea de una Suiza con engranajes como los de la Ópera, explotada por una compañía que se encarga de mantener cascadas, glaciares y falsas grietas. Idéntico motivo, pero en un tono muy diferente, en las Novel Notes del humorista inglés Jerome K. Jerome. La vieja señora de un castillo, que no quiere que sus buenas obras le causen demasiada molestia, manda instalar cerca de su residencia ateos por convertir fabricados a propósito, hombres de bien transformados en borrachos para que ella pueda curarles el vicio, etc. Hay frases cómicas en las que este motivo se encuentra en estado de lejana resonancia, mezclado con una inocencia, sincera o fingida, que le sirve de acompañamiento. Por ejemplo, la frase de una dama a la que el astrónomo

Cassini había invitado a ver un eclipse de luna y que llegó tarde: "Al Sr. Cassini no le importará empezar de nuevo por mí". O esta exclamación de un personaje de Gondinet, cuando llega a una ciudad y se entera de que existe un volcán apagado en los alrededores: "Tenían un volcán, ¡y han dejado que se apague!".

Pasemos a la sociedad. Viviendo en ella, viviendo a través de ella, no podemos evitar tratarla como un ser vivo. Risible será, pues, una imagen que nos sugiera la idea de una sociedad que se disfraza y, por decirlo así, de una mascarada social. Esta idea se forma en cuanto percibimos algo inerte, preestablecido, confeccionado, en la superficie de la sociedad viva. Se trata otra vez de rigidez, de algo que no combina con la flexibilidad interior de la vida. El lado ceremonioso de la vida social encerrará, así, una comicidad latente, la cual estará esperando la menor ocasión para salir a la superficie. Podríamos decir que las ceremonias son al cuerpo social lo que la ropa es al cuerpo individual: deben su gravedad al hecho de que las identificamos con el asunto serio con el que la costumbre las relaciona, pierden dicha gravedad en cuanto nuestra imaginación las aísla del mismo. De manera que basta, para que una ceremonia se vuelva cómica, con que nuestra atención se concentre en lo que tiene de ceremonioso y obviemos su materia, como dicen los filósofos, para no pensar más que en su forma. No hay duda de ello. Todos sabemos con qué facilidad excitan la vena cómica los actos sociales de forma prefijada, desde una simple distribución de recompensas hasta la sesión de un tribunal. Si hay formas y fórmulas hay marcos preestablecidos en los que se integrará la comicidad.

Pero en este caso también se acentuará la comicidad acercándola a la fuente. De la idea de disfraz, que es derivada, habrá que volver entonces a la idea primitiva, la de un mecanismo superpuesto a la vida. De por sí, la forma envarada de cualquier ceremonial nos sugiere una imagen de este tipo. En cuanto olvidamos el grave asunto de una solemnidad o una ceremonia, nos da la impresión de que sus participantes se mueven como marionetas. Su movilidad se ajusta a la inmovilidad de una fórmula. Es automatismo. Pero el automatismo perfecto será, por ejemplo, el del funcionario que funciona como una simple máquina, o también la inconciencia de un reglamento administrativo que se aplica con inexorable fatalidad y se cree una ley natural. Hace ya algunos años, un paquebote naufragó en las cercanías de Dieppe. Algunos pasajeros huían a duras penas en una embarcación. Unos aduaneros que fueron a socorrerlos valerosamente lo primero que hicieron fue preguntarles "si no tenían nada que declarar". Me parece que hay algo análogo, si bien la idea es más sutil, en esta frase de un diputado que interpelaba al ministro el día después de un crimen cometido en el ferrocarril: "El asesino, tras rematar a su víctima, tuvo que apearse del tren por el lado de la vía, violando los reglamentos administrativos".

Un mecanismo integrado en la naturaleza, una reglamentación automática de la sociedad, he aquí, en resumidas cuentas, los dos tipos de efectos divertidos a los que hemos llegado. Para concluir, nos queda combinarlos juntos y ver cuál será el resultado.

El resultado de la combinación será, como es lógico, la idea de una reglamentación humana que suplanta a las leyes mismas de la naturaleza. Recordemos la respuesta de Sganarelle a Géronte cuando este le hace notar que el corazón está a la izquierda y el hígado a la derecha: "Sí, era así antes, pero todo eso lo hemos cambiado y ahora hacemos la medicina con un método totalmente nuevo". Y la consulta de los dos médicos del señor de Pourceaugnac: "El razonamiento que ha llevado usted a cabo es tan docto y hermoso que es imposible que el enfermo no sea melancólico hipocondríaco; y aunque no lo fuese, debería empezar a serlo, por las cosas tan hermosas que ha dicho usted y el rigor del razonamiento que ha llevado a cabo". Podríamos multiplicar los ejemplos; no tendríamos más que pasar revista a todos los médicos de Molière. De hecho, por muy lejos que parezca llegar aquí la fantasía cómica, la realidad se encarga a veces de superarla. Un filósofo contemporáneo, argumentador inmoderado, al que se le demostraba que sus razonamientos de irreprochable deducción tenían a la experiencia en contra, puso fin a la discusión con estas sencillas palabras: "La experiencia se equivoca". Y es que la idea de regular administrativamente la vida está más extendida de lo que uno piensa; es una idea natural a su manera, si bien acabábamos de llegar a ella por un procedimiento de recomposición. Podríamos decir que nos da la quintaesencia misma de la pedantería, la cual no es nada más, en el fondo, que el arte queriendo dar lecciones a la naturaleza.

Así, en resumen, el mismo efecto se va haciendo más y más sutil, desde la idea de una mecanización artificial del cuerpo humano, si se nos permite decirlo así, hasta la de una suplantación cualquiera de lo natural por parte de lo artificial. Una lógica cada vez menos rigurosa, que cada vez se parece más a la lógica de los sueños, transporta la misma relación hacia esferas cada vez más altas, entre términos cada vez más inmateriales, de manera que un reglamento administrativo termina siendo a una ley natural o moral, por ejemplo, lo que la ropa confeccionada es al cuerpo que vive. De las tres direcciones que debíamos tomar, hemos seguido la primera hasta el final. Pasemos a la segunda y veamos adónde nos conduce.

B

Un mecanismo adherido a un ser vivo, este vuelve a ser nuestro punto de partida. ¿De dónde venía aquí la comicidad? Del hecho de que el cuerpo vivo adquiría rigidez de máquina. Considerábamos que el cuerpo vivo debía ser la flexibilidad perfecta, la actividad siempre alerta de un principio que nunca descansa. Pero resultó ser que esta actividad pertenecía en realidad al alma más que al cuerpo. Que era la llama misma de la vida, encendida en nosotros por un principio superior y percibida a través del cuerpo por un efecto de transparencia. Cuando en el cuerpo vivo solo vemos gracia y flexibilidad es porque obviamos lo que en él hay de pesado, de resistente, de material; olvidamos su materialidad para no pensar más que en su vitalidad, vitalidad que nuestra imaginación atribuye al principio mismo de la vida intelectual y moral. Pero supongamos que nos hacen notar dicha materialidad del cuerpo. Supongamos que en lugar de ser partícipe de la levedad del principio que lo anima, el cuerpo ya no sea para nosotros más que un envoltorio pesado y molesto, lastre inoportuno que mantiene en tierra un alma impaciente por elevarse. Entonces el cuerpo será para el alma lo que la ropa era antes para el cuerpo, una materia inerte puesta sobre una energía viva. Y la impresión de la comicidad se producirá en cuanto tengamos la nítida sensación de dicha super-posición. La tendremos sobre todo cuando nos muestren al alma incordiada por las necesidades del cuerpo: por un lado, la personalidad moral con su energía diversificada con inteligencia; por otro, el cuerpo y su estúpida monotonía, interviniendo e interrumpiendo con obstinación de máquina. Cuanto más mezquinas y uniformes sean las exigencias del cuerpo, más impresionante será el efecto. Pero eso es una mera cuestión de grados, y la ley general de dichos fenómenos podría formularse así: Es cómico todo incidente que nos pone de relieve el físico de una persona cuando de lo que se trata es de moral.

¿Por qué reímos de un orador que estornuda en el momento de mayor patetismo de su discurso? ¿De dónde viene la comicidad de esta frase de una oración fúnebre, citada por un filósofo alemán: "Era virtuoso y redondo"? Del hecho de que nuestra atención es llevada bruscamente del alma al cuerpo. Abundan los ejemplos en la vida diaria. Pero si no queremos tomarnos la molestia de buscarlos, no tenemos más que abrir al azar un volumen de Labiche. A menudo nos encontraremos con efectos de este estilo. Un orador cuyos mejores momentos se ven detenidos por las punzadas de dolor de una muela infectada, un personaje que nunca toma la palabra sin interrumpirse para quejarse de sus zapatos demasiado estrechos o de su cinturón demasiado apretado, etc. Una persona a la que su cuerpo estorba, esta es la imagen que nos sugieren dichos ejemplos. Si un sobrepeso excesivo es risible, ello se debe sin duda a que evoca una imagen del mismo tipo. Y también es eso lo que a veces hace que la timidez resulte un poco ridícula. El tímido puede parecer una persona a la que su cuerpo molesta y que busca a su alrededor un lugar donde dejarlo.

Por eso el poeta trágico procura evitar todo aquello que podría poner de manifiesto la materialidad de sus héroes. En cuanto interviene la preocupación del cuerpo, una infiltración cómica es de temer. Ése es el motivo por el que los héroes de tragedia ni beben ni comen ni se calientan. En la medida de lo posible ni siquiera se sientan. Sentarse en mitad de un parlamento sería recordar que se tiene un cuerpo. Napoleón, con sus dotes de psicólogo, notó que uno pasa de la tragedia a la comedia por el mero hecho de sentarse. Veamos lo que dice a este respecto en el diario inédito del barón Gourgaud (se trata de una entrevista con la reina de Prusia después de la batalla de Jena): "Me recibió con tono trágico, como Jimena: ¡Justicia, justicia pido! ¡Magdeburgo! Seguía con ese tono que tan fastidioso me resultaba. Para que lo dejase de una vez, le rogué que se sentase. Nada acaba mejor con una escena trágica ya que, cuando uno está sentado, la situación se transforma en comedia".

Ampliemos ahora esta imagen: el cuerpo superando al alma. Vamos a obtener algo más general: la forma queriendo primar sobre el fondo, la letra importunando al espíritu. ¿No será esta idea lo que la comedia pretende sugerirnos al ridiculizar una profesión? Hace hablar al abogado, al juez, al médico, como si la salud y la justicia fueran insignificantes, como dando por sentado que lo esencial es que haya médicos, abogados, jueces, y que las formas exteriores de la profesión sean respetadas escrupulosamente. Así, el medio suplanta al fin, la forma al fondo, y ya no es la profesión la que está hecha para el público, sino el público para la profesión. La preocupación constante por la forma y la aplicación maquinal de las reglas crean aquí una especie de automatismo profesional, comparable al que los hábitos del cuerpo imponen al alma e igual de risible. En teatro abundan los ejemplos. Sin pormenorizar las variaciones ejecutadas sobre el tema, citemos dos o tres textos en los que el tema mismo es definido en toda su sencillez: "Solo estamos obligados a tratar a la gente respetando las formas", dice Diaforius en *El enfermo imaginario*. Y Bahis, en *El amor médico*: "Más vale morir según las reglas que salvarse contra las reglas". "Siempre hay que cumplir con los requisitos, sin tener en cuenta lo que pueda pasar", decía ya Desfonandrès en la misma comedia. Y su colega Tomès explicaba la razón: "Un hombre muerto es solo un hombre muerto, pero un requisito pasado por alto perjudica notablemente a todo el cuerpo médico". Lo que dice Brid'oison, para expresar una idea algo diferente, no es menos significativo: "La-a forma, ve usted, la-a forma. El fulano que se ríe de un juez en sotana corta tiembla con solo ver a un fiscal en toga. La-a forma, la-a forma".

Pero aquí se presenta la primera aplicación de una ley que irá apareciendo con mayor claridad a medida que avancemos en nuestro trabajo. Cuando el músico da una nota en un instrumento, otras notas surgen solas; son menos sonoras que la primera, van unidas a ella por ciertas relaciones definidas y le imprimen su timbre al superponerse: son, como se dice en física, los armónicos del sonido fundamental.

¿No sería posible que la fantasía cómica, hasta en sus inventos más extravagantes, obedeciese a una ley del mismo tipo? Considere por ejemplo esta nota cómica: la forma queriendo primar sobre el fondo. Si nuestros análisis son correctos, debe tener por armónico a esta: el cuerpo incordiando al espíritu, el cuerpo superando al espíritu. Así, en cuanto el poeta cómico dé la primera nota, instintiva e involuntariamente le superpondrá la segunda. En otros términos, le añadirá alguna ridiculez física a la ridiculez profesional.

Cuando el juez Brid'oison llega al escenario tartamudeando, ¿no es cierto que nos prepara, con su tartamudez, para comprender el fenómeno de cristalización intelectual que va a protagonizar ante nosotros? ¿Qué secreto parentesco puede unir la tara física al deterioro moral? Tal vez era menester que semejante máquina de juzgar se nos mostrase al mismo tiempo como una máquina de hablar. En cualquier caso, ningún otro armónico podía completar mejor el sonido fundamental.

Cuando Molière nos presenta a los dos doctores ridículos de El amor médico, Bahis y Macroton, hace que uno de ellos hable muy despacio, que pronuncie su discurso silabeando, mientras que el otro balbucea. Idéntico contraste entre los dos abogados del señor de Pourceaugnac. Por regla general, es en el ritmo de la palabra donde reside la singularidad física destinada a completar la ridiculez profesional. Y si el autor no ha indicado un defecto de este tipo, es raro que el actor no busque interpretarlo por mero instinto.

Hay pues un parentesco natural, naturalmente reconocido, entre estas dos imágenes que estábamos relacionando, el espíritu que se inmoviliza en determinadas formas, el cuerpo que adquiere rigidez por determinados defectos. Nuestra atención puede desviarse del fondo a la forma o de la moral al físico, pero la impresión transmitida a nuestra imaginación es la misma en ambos casos; en ambos casos se trata del mismo tipo de comicidad. Aquí también hemos querido ser fieles a una dirección natural del movimiento de la imaginación. Dicha dirección, recordemos, era la segunda de las que se nos presentaban a partir de una imagen central. Queda abierta una tercera y última vía. Es la que vamos a tomar ahora.

C

Volvamos pues una última vez a nuestra imagen central: un mecanismo adherido a un ser vivo. El ser vivo del que se trataba era un ser humano, una persona. En cambio, el dispositivo mecánico es una cosa. De manera que lo que hacía reír era la transfiguración momentánea de una persona en cosa, si queremos contemplar la imagen desde ese lado. Pasemos entonces de la idea precisa de un mecanismo a la idea más vaga de cosa en general. Tendremos una nueva serie de imágenes risibles que se obtendrán, digamos, difuminando los contornos de las primeras, y que conducirán a esta nueva ley: reímos todas las veces que una persona nos parece una cosa.

Reímos de Sancho Panza manteado y lanzado por los aires como un simple balón. Reímos del barón de Münchhausen convertido en bala de cañón y avanzando por el espacio. Pero quizás algunos números de los payasos de circo darían una muestra más precisa de la misma ley. Es cierto que tendríamos que hacer abstracción de las bromas del payaso que no son sino variaciones sobre su tema principal y quedarnos solo con el tema en sí, es decir las actitudes, brincos y movimientos que son lo propiamente "payasil" del arte del payaso. En dos únicas ocasiones he podido observar este tipo de comicidad en estado puro, y en ambos casos he tenido la misma impresión. La primera vez, los payasos iban, venían, se golpeaban, caían y rebotaban a un ritmo uniformemente acelerado, con un visible empeño por crear un crescendo. Y cada vez más, la atención del público era atraída por el rebote. Poco a poco uno perdía de vista que estaba frente a hombres de carne y hueso y pensaba en meros paquetes cayendo y entrechocándose. Luego la visión se precisaba. Las formas parecían redondearse, los cuerpos revolcarse y como hacerse ovillos. Por último aparecía la imagen hacia la cual, de modo inconsciente, progresaba sin duda toda la escena: balones de goma, lanzados en todas direcciones unos contra otros. La segunda escena, aún más burda, no fue menos instructiva. Llegaron dos personajes de cabeza enorme y totalmente pelada. Estaban armados con grandes palos. Y, por turnos, cada uno dejaba caer su palo en la cabeza del otro. Aquí también se observaba una gradación. Con cada golpe recibido, los cuerpos parecían volverse más pesados, petrificarse, invadidos por una rigidez creciente. El contraataque llegaba cada vez más tarde, pero cada vez con más rotundidad y estruendo. Era espectacular el resonar de las cabezas en la sala silenciosa. Al final, rígidos y lentos, tiesos como estacas, los dos cuerpos se inclinaron uno hacia otro, los palos se desplomaron una última vez en las cabezas con un ruido de mazos enormes golpeando sobre vigas de roble, y hombres y palos cayeron al suelo. En ese momento apareció con toda nitidez la sugestión que los dos artistas habían ido fijando gradualmente en la imaginación de los espectadores: "Nos vamos a convertir, nos hemos convertido en maniquíes de madera maciza".

Por un oscuro instinto, aquí las mentes incultas pueden intuir algunos de los más sutiles resultados de la ciencia psicológica. Sabemos que es posible evocar en un sujeto hipnotizado, mediante una simple sugestión, visiones alucinatorias. Si le dicen que un pájaro está posado en su mano, él verá el pájaro y verá como se echa a volar. Pero para ello la sugestión tendrá que ser aceptada siempre con idéntica docilidad. A menudo el magnetizador solo consigue que penetre poco a poco, mediante una insinuación gradual. Empezará con los objetos que el sujeto percibe de verdad e intentará que esa percepción se vaya haciendo cada vez más confusa: luego, gradualmente, extraerá de esa confusión la forma precisa del objeto cuya alucinación desea crear. Lo mismo ocurre con muchas personas que, cuando se van a quedar dormidas, distinguen cómo esas masas de color, fluidas e informes, que ocupan el campo de visión se solidifican imperceptiblemente y se convierten en objetos nítidos. El paso gradual de lo confuso a lo nítido es, pues, el procedimiento de sugestión por excelencia. Creo que lo encontraríamos en el fondo de muchas sugestiones cómicas, sobre todo en la comicidad rudimentaria, ahí donde parece realizarse delante de nuestros ojos la transformación de una persona en cosa. Pero hay otros procedimientos más discretos, de uso frecuente en los poetas por ejemplo, que quizá de modo inconsciente tienden al mismo fin. Se puede, mediante ciertos dispositivos de ritmo, rima y asonancia, mecer nuestra imaginación, adormecerla con un balanceo regular y prepararla así para recibir con docilidad la visión sugerida. Escuche estos versos de Régnard y vea si la imagen huidiza de un muñeco no atravesaría el campo de su imaginación:

> …Y debe a más de un particular
> Un óbolo una libra la suma de diez mil
> Por fiarle todo un año sin fin
> Ropas, coches, zapatos, guantes, lumbre para calentar
> Comida, barbero, bebida y lo demás

¿No le parece que hay algo del mismo estilo en esta frase de Fígaro (si bien aquí quizás se pretenda sugerir la imagen de un animal y no la de una cosa)?: "¿Qué tipo de hombre es? / Es un apuesto, grueso, diminuto, joven anciano, de pelaje tordo, astuto, afeitado, hastiado, que husmea y fisgonea, y gruñe y gime, todo al mismo tiempo".

Entre escenas tan burdas y sugestiones tan sutiles hay espacio para una multitud incontable de efectos divertidos, todos los que se obtienen cuando se habla acerca de las personas como si fueran simples cosas. Busquemos uno o dos ejemplos en el teatro de Labiche, donde abundan. El señor Perrichon, en el momento de subirse al vagón, se asegura de que no olvida ningún paquete. "Cuatro, cinco, seis, mi mujer siete, mi hija ocho y yo nueve". Hay otra obra en la que un padre presume de la ciencia de su hija en estos términos: "Les dirá sin vacilar todos los reyes de Francia que han tenido lugar". Este que han tenido lugar, sin convertir a los reyes en simples cosas, sí los compara con acontecimientos impersonales.

Señalémoslo a propósito de este último ejemplo: no es necesario ir hasta el fondo de la identificación entre persona y cosa para que se produzca el efecto cómico. Basta con entrar en esta vía fingiendo, por ejemplo, confundir a la persona con la función que ejerce. Solo citaré esta frase de un alcalde de pueblo en una novela de About: "El señor prefecto, que siempre nos ha tratado con la misma benevolencia, y eso que lo han cambiado varias veces desde…".

Todas estas frases siguen el mismo modelo. Podríamos crear todas las que quisiéramos, ahora que tenemos la fórmula. Pero el arte del narrador y del escritor de vodevil no consiste simplemente en crear la frase. Lo difícil es dar a la frase su fuerza sugestiva, es decir volverla aceptable. Y solo la aceptamos porque nos parece que surge de un estado de ánimo o que se enmarca dentro de las circunstancias. Así, sabemos que el señor Perrichon está muy emocionado en el momento de hacer su primer viaje. La expresión "tener lugar" es de esas que han debido reaparecer un gran número de veces en las lecciones recitadas por la hija delante de su padre; nos recuerda una recitación. Y por último, la admiración de la maquinaria administrativa podría incluso llegar a hacernos creer que nada cambia en el prefecto cuando este cambia de nombre, y que la función se cumple con independencia del funcionario.

Nos hemos alejado mucho de la causa original de la risa. Y es que una forma cómica, inexplicable por sí misma, solo se comprende por su parecido con otra, la cual solo nos hace reír por su parentesco con una tercera, y así sucesivamente durante mucho tiempo: de manera que el análisis psicológico, por ilustrado y penetrante que podamos suponer que es, se extraviará por fuerza si no sigue el hilo a lo largo del cual la impresión cómica se ha abierto camino de un extremo a otro de la serie. ¿De dónde viene esta continuidad de progreso? ¿Cuál es la presión, cuál el extraño impulso que hace que la comicidad se deslice así de una imagen a otra, cada vez más lejos del punto de partida, hasta fraccionarse y perderse en analogías infinitamente lejanas? ¿Pero cuál es la fuerza que divide y subdivide las ramas del árbol en ramos, la raíz en raicillas? Una ley ineluctable condena a toda energía viva a ocupar, durante el poco tiempo que se le asigna, el mayor espacio posible. Y la fantasía cómica es una energía viva, planta singular que ha crecido vigorosa sobre las partes pedregosas del suelo social, en espera de que la cultura le permita rivalizar con los productos más refinados del arte. Estamos lejos del arte con mayúsculas, es cierto, con los ejemplos de comicidad que acaban de desfilar ante nuestros ojos. Pero nos acercaremos bastante, sin alcanzarlo del todo aún, en el capítulo que sigue. Por debajo del arte está el artificio. Es en esta zona de los artificios, a medio camino entre la naturaleza y el arte, donde nos adentramos ahora. Vamos a ocuparnos del escritor de vodevil y del hombre ingenioso.

Capítulo II

La comicidad de situación y la comicidad verbal

I

HEMOS ESTUDIADO LA COMICIDAD en las formas, las actitudes, los movimientos en general. Debemos buscarla ahora en acciones y situaciones. Cierto, este tipo de comicidad se encuentra con bastante facilidad en la vida de todos los días. Pero quizás no sea ahí donde mejor se preste al análisis. Si es verdad que el teatro es una exageración y una simplificación de la vida, la comedia podrá instruirnos, en este aspecto particular de nuestro tema, más que la vida real. Quizá deberíamos incluso llevar la simplificación más lejos aún, retrotraernos a nuestros recuerdos más antiguos, buscar, en los juegos que divirtieron al niño, el primer esbozo de las combinaciones que hacen reír al hombre. Con demasiada frecuencia hablamos de nuestros sentimientos de placer y pena como si nacieran viejos, como si cada uno de ellos no tuviera su historia. Y, sobre todo, con demasiada frecuencia desconocemos lo que hay de todavía infantil, por así decir, en la mayoría de nuestras emociones alegres. Ahora bien, ¡cuántos placeres presentes quedarían reducidos, si los examinásemos de cerca, a meros recuerdos de placeres pasados! ¿Qué es lo que quedaría de muchas de nuestras emociones si las limitásemos a lo que tienen de sensación estricta, si las despojásemos de todo lo que no es más que rememoración? ¿Quién sabe incluso si no nos volvemos, a partir de cierta edad, impermeables a la alegría fresca y nueva, y si las más dulces satisfacciones del hombre maduro pueden ser algo más que sentimientos de infancia revivificados, perfumada brisa que un pasado cada vez más lejano nos trae en bocanadas cada vez más infrecuentes? Sea cual sea la respuesta que le demos a esta pregunta tan general, un aspecto queda fuera de toda duda: que no puede haber solución de continuidad entre el placer del juego en el niño y el mismo placer en el hombre. La comedia es un juego, un juego que imita a la vida. Y si en los juegos del niño, mientras este maneja muñecos y títeres, todo se hace con hilos, ¿no se trata de los mismos hilos que, desgastados por el uso, encontraremos luego en las tramas de la comedia? Comencemos pues con los juegos del niño. Sigamos la imperceptible progresión con la que hace que crezcan sus títeres, con la que los anima y los lleva a ese estado de indecisión final en el que, sin dejar de ser títeres, se han convertido en hombres. Ahí tendremos personajes de comedia. Y podremos comprobar con ellos la ley que nuestros anteriores análisis nos dejaban prever, ley con la cual definiremos las situaciones de vodevil en general: *Es cómica toda distribución de actos y acontecimientos que nos da, ensambladas una con otra, una representación creíble de la vida y la nítida sensación de una disposición mecánica.*

EL DIABLO CON RESORTE

Todos hemos jugado alguna vez con el diablo que sale de su caja. Lo aplastamos, se incorpora. Lo empujamos más al fondo, rebota más alto. Lo comprimimos bajo la tapa y suele hacerla saltar. No sé si este juguete es muy antiguo, pero el tipo de diversión que contiene es ciertamente de todos los tiempos. Es el conflicto de dos obstinaciones, una de las cuales, pura mecánica, termina en general sin embargo por ceder ante la otra, que se divierte. El gato que juega con el ratón, que siempre lo deja escapar como un resorte para detenerlo en seco con la pata, se procura una diversión del mismo tipo.

Pasemos al teatro. Debemos empezar con el guiñol. En cuanto se aventura en el escenario, el comisario recibe, como está mandado, un bastonazo que lo tumba. Se incorpora, un segundo bastonazo lo machaca. Nuevo intento, nuevo castigo. Al ritmo uniforme del resorte que se tensa y destensa, el comisario se desploma y se levanta, mientras la risa del auditorio no deja de crecer.

Imaginemos ahora un resorte más bien moral, una idea que se expresa, que es reprimida y que vuelve a expresarse, un torrente verbal que acomete, que es detenido y que contraataca. Tendremos de nuevo la visión de una fuerza que se obstina y de otro ensañamiento que la combate. Pero esta visión habrá perdido materialidad. Ya no estaremos en el guiñol, sino ante una comedia de verdad.

En efecto, muchas escenas cómicas se reducen a este simple esquema. Así, en la escena de *El matrimonio forzado* entre Sganarelle y Pancrace, toda la comicidad viene de un conflicto entre la idea de Sganarelle, que quiere obligar al filósofo a escucharlo, y la obstinación del filósofo, auténtica máquina parlanchina que funciona automáticamente. Conforme avanza la escena se va perfilando mejor la imagen del diablo con resorte, de tal forma que al final hasta los personajes adoptan su movimiento, con Sganarelle empujando cada vez a Pancrace hacia los bastidores y con Pancrace volviendo cada vez al escenario para seguir disertando. Y cuando Sganarelle consigue que Pancrace entre y lo encierra en el interior de la casa (casi digo en el fondo de la caja), de pronto la cabeza de Pancrace se asoma por la ventana, que se abre igual que si hiciera saltar una tapa.

Idéntico juego escénico en *El enfermo imaginario*. Ofendida, la medicina descarga sobre Argan, por boca del señor Purgon, la amenaza de todas las enfermedades. Y cada vez que Argan se levanta de su sillón, como para cerrarle la boca a Purgon, vemos que este se eclipsa por un instante, como si lo hundieran entre bastidores, para luego, como movido por un resorte, regresar al escenario con una maldición nueva. Una misma exclamación repetida sin cesar, "¡Señor Purgon!" subraya los momentos de esta pequeña comedia.

Delimitemos más aún la imagen del resorte que se tensa, se destensa y se vuelve a tensar. Extraigamos lo esencial. Obtendremos uno de los procedimientos usuales de la comedia clásica, la *repetición*.

¿De dónde procede la comicidad de una repetición verbal en teatro? Vana será la búsqueda de una teoría de la comicidad que responda de manera satisfactoria a esta pregunta tan sencilla. Y en efecto la pregunta seguirá siendo insoluble mientras nos empeñemos en encontrarle la explicación a una frase divertida en la frase misma, aislada de lo que nos sugiere. Aquí es donde mejor se pone de manifiesto la insuficiencia del método habitual. Porque la verdad es que, dejando de lado ciertos casos muy peculiares de los que nos ocuparemos más tarde, una repetición verbal no es risible de por sí. Si nos hace reír es solo porque simboliza un juego especial de elementos morales, símbolo a su vez de un juego totalmente material. Es el juego del gato que se divierte con el ratón, el juego del niño que empuja una y otra vez al diablo hacia el fondo de su caja, pero refinado, espiritualizado, desplazado hacia la esfera de los sentimientos y las ideas. Enunciemos la ley que define, a nuestro parecer, los principales efectos cómicos de repetición verbal en teatro: *En una repetición cómica de palabras están presentes por regla general dos términos, un sentimiento comprimido que se destensa como un resorte y una idea que se divierte comprimiendo de nuevo el sentimiento.*

Cuando Dorina le cuenta a Orgón la enfermedad de su mujer y este no deja de interrumpirla para informarse acerca de la salud de Tartufo, la pregunta que se repite todo el tiempo, "¿Y Tartufo?", nos hace pensar claramente en un resorte que se pone en movimiento. Y Dorina se divierte empujando hacia el fondo ese resorte al retomar cada vez el relato de la enfermedad de Elmira. Y cuando Scapin va a anunciarle al viejo Géronte que su hijo ha sido hecho prisionero en la famosa galera y que hay que rescatarlo cuanto antes, juega con la avaricia de Géronte igual que Dorina jugaba con la ceguera de Orgón. La avaricia, apenas comprimida, vuelve a ponerse en movimiento automáticamente, y es ese automatismo lo que Molière quiso subrayar con la repetición maquinal de una frase en la que se expresa el lamento por el dinero que habrá que pagar: "¿Qué diablos tenía que hacer él en esa galera?"[5]. Idéntica observación se impone para la escena en la que

Valerio muestra a Harpagón que sería un error por su parte casar a su hija con un hombre al que no quiere. "¡Sin dote!", interrumpe siempre la avaricia de Harpagón. Y nosotros entrevemos, detrás de esas palabras que vuelven automáticamente, un mecanismo de repetición montado por la idea fija.

En ocasiones, es verdad, dicho mecanismo es más complicado de distinguir. Y nos enfrentamos aquí a una nueva dificultad de la teoría de la comicidad. Hay casos en los que todo el interés de una escena se concentra en un personaje único que se desdobla, y su interlocutor hace las veces de mero prisma, por decirlo así, a través del cual se efectúa el desdoblamiento. Corremos entonces el riesgo de extraviarnos si buscamos el secreto del efecto producido en lo que vemos y oímos, en la escena exterior que tiene lugar entre los personajes, y no en la comedia interior que dicha escena se limita a refractar. Por ejemplo, cuando Alcestes responde con obstinación "¡No estoy diciendo eso!" a Orontes, que le pregunta si sus versos le parecen malos, la repetición es cómica, y sin embargo está claro que Orontes no está jugando con Alcestes el juego

---

5. Esa expresión (en francés "que diable allait-il faire dans cette galère?") pasó enseguida al lenguaje corriente. Desde entonces, la palabra "galère" significa "berenjenal". [N. del T.]

que acabamos de describir. ¡Pero cuidado! En realidad aquí hay dos hombres en Alcestes, por un lado el "misántropo" que se ha jurado a sí mismo decirle a la gente las cosas a la cara, y por otro el gentilhombre que no puede desaprender de golpe y porrazo las formalidades de la cortesía, o incluso tal vez simplemente el hombre excelente que da marcha atrás en el momento decisivo en que habría que pasar de la teoría a la acción, herir un amor propio, provocar sufrimiento. Así pues, la auténtica escena no tiene lugar entre Alcestes y Orontes, sino entre Alcestes y Alcestes. De ambos Alcestes, uno está deseando estallar y el otro le cierra la boca en el momento en que va a soltarlo todo. Cada uno de los "¡No estoy diciendo eso!" representa un esfuerzo creciente por reprimir algo que presiona y puja por salir. Por consiguiente, el tono de los "¡No estoy diciendo eso!" se vuelve cada vez más violento y Alcestes se enoja cada vez más, no con Orontes, como él cree, sino consigo mismo. Y es así como la tensión del resorte no deja de renovarse, de reforzarse, hasta la distensión final. O sea que el mecanismo de la repetición sigue siendo el mismo.

Que un hombre se decida a no decir en adelante más que lo que piensa, aunque para ello deba "arremeter contra todo el género humano", no tiene por qué ser cómico; es vida, y de la mejor. Que otro hombre, por afabilidad, egoísmo o desdén, prefiera decirle a la gente lo que esta quiere escuchar, tampoco es más que eso, vida; no contiene nada destinado a hacernos reír. Reúna usted incluso a esos dos hombres en uno solo, haga que su personaje dude entre una franqueza hiriente y una cortesía engañosa, y esta lucha de dos sentimientos opuestos seguirá sin ser cómica, parecerá seria si ambos sentimientos logran organizarse por su propia oposición, progresar juntos, crear un talante heterogéneo, adoptar, en fin, un *modus vivendi* que nos transmita pura y simplemente la impresión de la complejidad de la vida. Pero ahora imagine, en un hombre bien vivo, estos dos sentimientos irreductibles y *rígidos*; haga que el hombre oscile del uno al otro; haga sobre todo que dicha oscilación se vuelva mecánica de veras adoptando la conocida forma de un dispositivo usual, sencillo, infantil: esta vez tendrá la imagen que hasta ahora hemos encontrado en los objetos risibles, tendrá *un mecanismo dentro de un ser vivo*, tendrá comicidad.

Hemos pasado bastante tiempo con esta primera imagen, la del diablo con resorte, para que se comprenda cómo la fantasía cómica convierte poco a poco un mecanismo material en un mecanismo moral. Vamos a examinar uno o dos juegos más, pero limitándonos a algunas indicaciones sumarias.

EL TÍTERE CON HILOS

Innumerables son las escenas de comedia en las que un personaje cree que habla y actúa libremente, de forma tal que conserva lo esencial de la vida, mientras que considerado desde cierto ángulo lo vemos como un simple juguete entre las manos de otro que se divierte. Del títere que el niño maneja con un hilo a Géronte y Argante manipulados por Scapin, la distancia no es mucha. Fíjese lo que dice el propio Scapin: "Ya tenemos la *máquina*", "Es el cielo el que los trae hasta mis *redes*⁶", etc. Por instinto natural, y porque uno prefiere, al menos en su imaginación, engañar a ser engañado, el espectador se pone de parte de los bribones. Se asocia con ellos y, a partir de entonces, igual que el niño que ha conseguido que un compañero le preste su muñeco, él también hace ir y venir por el escenario al fantoche cuyos hilos están ahora en sus manos. No obstante, esta última condición no es imprescindible. También podemos ver lo que ocurre desde afuera, sin participar, siempre que conservemos la sensación bien nítida de una disposición mecánica. Esto es lo que sucede cuando un personaje oscila entre dos decisiones opuestas y ambas decisiones se alternan para tirar de él: así, Panurgo preguntándole a Pedro y a Pablo si debe casarse. Notemos que, en tal caso, el autor cómico *personifica* a las dos decisiones contrarias. Ya que no el espectador, serán unos actores los que manejen los hilos.

Todo lo que la vida tiene de serio proviene de nuestra libertad. En los sentimientos que hemos desarrollado, en las pasiones que hemos alimentado, en las acciones que hemos deliberado, decidido, ejecutado, es decir en lo que viene de nosotros y es bien nuestro, ahí es donde se encuentra lo que hace que la vida resulte a veces dramática y en general grave. ¿Qué habría que hacer para transformar todo esto en comedia? Habría que imaginarse que la libertad aparente esconde un juego de hilos y que somos en este bajo mundo, como dice el poeta,

---

6. En francés, "red" se dice "filet" y "filet" es diminutivo de "fil", que significa "hilo". De ahí que el autor haya puesto "filets" en cursiva. [N. del T.].

> ... humildes marionetas
> cuyo hilo está en manos de la Necesidad.

No hay pues escena real, seria, dramática incluso, que la fantasía no pueda convertir en comedia mediante la evocación de esta simple imagen. No hay juego que tenga ante sí un Campo tan vasto.

LA BOLA DE NIEVE

Conforme avanzamos en este estudio de los procedimientos de la comedia, vamos comprendiendo mejor el papel que desempeñan las reminiscencias de la infancia. Estas reminiscencias tal vez se refieras menos a tal o cual juego especial que al dispositivo mecánico del que dicho juego es una aplicación. De hecho, el mismo dispositivo general puede encontrarse en juegos muy diferentes, como hallamos la misma aria en muchas fantasías musicales. Lo que aquí importa, lo que la mente registra, lo que se transmite, mediante imperceptibles gradaciones, de los juegos del niño a los del hombre, es el esquema de la combinación o, si usted prefiere, la fórmula abstracta de la que estos juegos son aplicaciones especiales. Tenemos, por ejemplo, la bola de nieve que va rodando y que al rodar se va haciendo más grande. También podríamos pensar en soldados de plomo puestos en fila: si le damos un empujón al primero, cae sobre el segundo, que tumba al tercero, y la situación se va agravando hasta que todos están en el suelo. O bien puede tratarse de un castillo de naipes montado con gran esfuerzo: el primero que tocamos duda en molestarse, su vecino, al verse sacudido, se decide más rápido, y el trabajo de destrucción, que no deja de acelerarse, corre vertiginosamente hacia la catástrofe final. Todos estos objetos son muy distintos, pero nos sugieren, podríamos decir, la misma visión abstracta, la de un efecto que se propaga sumándose a sí mismo, de manera que la causa, insignificante en su origen, conduce mediante un progreso necesario a un resultado tan importante como inesperado. Abramos ahora un libro de imágenes para niños: vamos a ver cómo dicho dispositivo se encamina ya hacia la forma de una escena cómica. Imaginemos por ejemplo (he tomado al azar una "serie de Épinal") un visitante que entra con precipitación en un salón: empuja a una dama, que derrama su taza de té encima de un anciano, el cual se resbala y se da contra un cristal que cae a la calle encima de la cabeza de un agente que alerta a la policía, etc. Idéntico dispositivo en muchas imágenes para adultos. En las "historias sin palabras" de los dibujantes cómicos, a menudo hay un objeto que se desplaza y personas que se asocian al desplazamiento: entonces, de una escena a otra, el cambio de posición del objeto provoca mecánicamente cambios de situación cada vez más graves entre las personas. Pasemos ahora a la comedia. ¡Cuántas escenas bufas, cuántas comedias incluso, van a reducirse a este sencillo esquema! No hay más que releer el relato de Chicaneau en *Los litigantes*: se trata de pleitos que se engarzan en otros pleitos, y el mecanismo funciona cada vez más rápido (Racine nos da esa sensación de aceleración creciente apretando cada vez más los términos jurídicos unos contra otros) hasta que la acción emprendida por un montón de heno le cuesta al litigante casi toda su fortuna. Idéntico sistema también en ciertas escenas de

Don Quijote, por ejemplo en la de la venta, donde un singular encadenamiento de circunstancias lleva al arriero a golpear a Sancho, que golpea a Maritornes, sobre la cual se abalanza el ventero, etc. Al fin llegamos al vodevil contemporáneo. ¿Es necesario recordar todas las formas que adopta esta misma combinación? Hay una que se usa con bastante frecuencia: consiste en hacer que algún objeto material (una carta, por ejemplo) sea de una importancia capital para algunos personajes y que haya que recuperarlo a toda costa. Dicho objeto, que siempre se esfuma cuando uno cree tenerlo en su poder, rueda entonces por la obra recogiendo en su camino incidentes cada vez más graves, cada vez más inesperados. Todo esto se parece mucho más a un juego de niños de lo que uno pudiera creer en un principio. Es siempre el efecto de la bola de nieve.

Lo propio de una combinación mecánica es su condición generalmente *reversible*. El niño se divierte viendo que una bola lanzada contra unos bolos lo tira todo a su paso multiplicando los destrozos; ríe aun más cuando la bola, después de vueltas, rodeos, vacilaciones de todo tipo, vuelve a su punto de partida. En otros términos, el mecanismo que describíamos antes ya es cómico cuando es rectilíneo; lo es más cuando se vuelve circular y los esfuerzos del personaje, debido a un engranaje fatal de causas y efectos, lo llevan pura y simplemente de regreso al mismo lugar. Podemos comprobar que un buen número de vodeviles gravitan en torno a dicha idea. Un sombrero de paja de Italia ha sido devorado por un caballo. Solo existe un sombrero similar en París, hay que encontrarlo a toda costa. El sombrero, que se aleja siempre justo en el momento en que lo van a agarrar, hace correr al protagonista, el cual hace correr a todos los demás, enganchados a él: es como el imán que arrastra, debido a una atracción que se va transmitiendo de forma progresiva, las limaduras de hierro colgadas unas de otras. Y cuando por fin, después de tantos incidentes, parece que se va a conseguir el objetivo, resulta que el sombrero tan deseado es el mismo que había sido devorado. Idéntica odisea en otra comedia no menos famosa de Labiche. Primero se nos muestra, en la partida de cartas que juegan juntos todos los días, a un solterón y una solterona que se conocen desde hace tiempo. Ambos se han dirigido, cada cual por su lado, a una misma agencia matrimonial. A través de mil dificultades, y sin que cesen las desventuras, corren juntos, a lo largo de la obra, a la entrevista que los pone pura y simplemente a uno frente al otro. Idéntico efecto circular, idéntico retorno al punto de partida en una obra más reciente. Un marido hostigado cree librarse de su mujer y su suegra con el divorcio. Se vuelve a casar y resulta que el juego combinado del divorcio y el matrimonio le devuelve a su antigua mujer, agravada, en forma de nueva suegra. Cuando uno piensa en la intensidad y la frecuencia de este tipo de comicidad, comprende que haya estimulado la imaginación de algunos filósofos. Recorrer mucho camino para volver, sin saberlo, al punto de partida significa realizar un gran esfuerzo para un resultado cero. Podíamos tener la tentación de definir la comicidad de esta última manera. Tal parece ser la idea de Herbert Spencer: la risa sería el indicio de un esfuerzo que de pronto se encuentra con el vacío. Ya decía Kant: "La risa proviene de una espera que desemboca súbitamente en nada". Reconocemos que dichas definiciones se aplicarían a nuestros últimos ejemplos, si bien habría que aportar algunas restricciones a la fórmula, ya que hay muchos esfuerzos inútiles que no hacen reír. Pero si nuestros últimos ejemplos presentan una causa grande que conduce a un efecto pequeño, hemos citado otros, justo antes, que deberían definirse de la manera contraria: un efecto grande originado por una causa pequeña. La verdad es que esta segunda definición apenas tendría más valor que la primera. La desproporción entre la causa y el efecto, en cualquiera de ambos sentidos, no es la fuente directa de la que nace la risa. Reímos de algo que esta desproporción puede, en algunos casos, revelar, me refiero al sistema mecánico especial que nos deja distinguir detrás de la serie de los efectos y las causas. Descarte dicho sistema y abandonará el único hilo conductor que podría guiarlo por el laberinto de la comicidad, y la regla que usted haya seguido, tal vez aplicable a ciertos casos convenientemente elegidos, quedará condenada a encontrarse con algún ejemplo que la eche por tierra.

¿Pero por qué reímos de este sistema mecánico? Que la historia de un individuo o la de un grupo parezca, en un momento dado, un juego de engranajes, de resortes o de hilos es algo extraño, qué duda cabe, ¿pero de dónde procede el carácter especial de dicha extrañeza? ¿Por qué resulta cómica? A esta pregunta, que ya nos ha surgido bajo diferentes formas, siempre le daremos la misma respuesta. El rígido mecanismo que de vez en cuando descubrimos, como un intruso, en la viva continuidad de los asuntos humanos, tiene para nosotros un interés muy particular, ya que es como una *distracción* de la vida. Si los acontecimientos pudieran estar siempre atentos a su propio curso, no habría coincidencias ni encuentros ni series circulares; todo se desarrollaría hacia delante y progresaría sin cesar. Y si los hombres no dejasen nunca de estar atentos a la vida, si retomásemos constantemente el contacto con el prójimo y también con nosotros mismos, nunca nada parecería producirse en nosotros mediante resortes o hilos. La comicidad es esa faceta de la persona que la hace parecer una cosa, ese aspecto de los acontecimientos humanos que imita, con su rigidez tan particular, al mecanismo puro y simple, al automatismo, al movimiento sin la vida en definitiva. Así pues, expresa una imperfección individual o colectiva que requiere una corrección inmediata. La risa es esa corrección. La risa es un cierto gesto social, que subraya y reprime una cierta distracción especial de los hombres y los acontecimientos.

Pero esto mismo nos invita a buscar más lejos y más arriba. Hasta aquí nos hemos dedicado a detectar en los juegos del hombre algunas combinaciones mecánicas que divierten al niño. Era una manera empírica de proceder. Pero ha llegado el momento de intentar una deducción metódica y completa, de ir a extraer de su fuente misma, de su principio permanente y simple, los procedimientos múltiples y variables del teatro cómico. Dicho teatro, decíamos, combina los acontecimientos con el fin de introducir un mecanismo en las formas exteriores de la vida. Determinemos pues las características esenciales que hacen que la vida, vista desde fuera, parezca contrastar con un simple mecanismo. Entonces nos bastará con pasar a las características opuestas para obtener la fórmula abstracta, esta vez general y completa, de los procedimientos de comedia reales y posibles.

La vida se nos presenta como una cierta evolución en el tiempo y como una cierta complicación en el espacio. Considerada en el tiempo, es el progreso continuo de un ser que envejece sin cesar: por consiguiente, nunca vuelve atrás y nunca se repite. Vista en el espacio, despliega ante nosotros elementos coexistentes tan íntimamente solidarios entre sí, tan exclusivamente hechos los unos para los otros, que ninguno de ellos podría pertenecer a la vez a dos organismos distintos: cada ser vivo es un sistema cerrado de fenómenos, incapaz de interferir con otros sistemas. Continuo cambio de aspecto, irreversibilidad de los fenómenos, perfecta individualidad de una serie cerrada sobre sí misma, he aquí las características exteriores (reales o aparentes, poco importa) que distinguen al ser vivo del simple mecanismo. Ahora defendamos lo contrario: tendremos tres procedimientos que llamaremos, si usted nos lo permite, la *repetición*, la *inversión* y la *interferencia de las series*. Resulta fácil ver que dichos procedimientos son los del vodevil y que no podría haber otros.

Primero los encontraríamos, mezclados en dosis variables, en las escenas que acabamos de analizar, y con más razón en los juegos infantiles, cuyo mecanismo esas escenas reproducen. No nos entretendremos haciendo tal análisis. Será más útil estudiar dichos procedimientos en estado puro con ejemplos nuevos. De hecho, nada será más sencillo, pues en estado puro los solemos encontrar tanto en la comedia clásica como en el teatro contemporáneo.

A. LA REPETICIÓN

Ya no se trata, como antes, de una palabra o una frase repetida por un personaje, sino de una situación, es decir, de una combinación de circunstancias, que vuelve tal cual en varias ocasiones, contrastando así con el curso cambiante de la vida. La experiencia también nos presenta este tipo de comicidad, pero solo en estado rudimentario. Así, un día me cruzo por la calle con un amigo al que no veo desde hace tiempo; la situación no es cómica en absoluto. Pero si el mismo día me lo cruzo de nuevo, e incluso una tercera y una cuarta vez, terminaremos riéndonos juntos de la "coincidencia". Entonces imagínese una serie de acontecimientos ficticios que imiten la vida con suficiente verosimilitud y suponga que, en mitad de dicha serie, que es progresiva, se reproduce una misma escena, ya sea entre los mismos personajes, ya sea entre personajes distintos: tendrá otra coincidencia, pero más extraordinaria. Así son las repeticiones que nos ofrecen en teatro. Su comicidad será directamente proporcional a la complejidad de la escena repetida, así como a la naturalidad con que se produzca; dos condiciones que parecen excluirse y que la habilidad del autor dramático deberá reconciliar.

El vodevil contemporáneo utiliza este procedimiento en todas sus formas. Una de las más conocidas consiste en llevar a un cierto grupo de personajes, de un acto a otro, por los ambientes más diversos, al objeto de que resurja en circunstancias siempre nuevas una misma serie de acontecimientos o desventuras que guarden una correspondencia simétrica.

Varias obras de Molière nos ofrecen una misma composición de acontecimientos que se repite de un extremo de la comedia a otro. Así, *La escuela de las mujeres* no hace sino reproducir un cierto efecto en tres tiempos: 1° tiempo, Horacio le cuenta a Arnolfo lo que se le ha ocurrido para engañar al tutor de Agnes, que no es otro que el propio Arnolfo; 2° tiempo, Arnolfo cree haberse librado del peligro; 3° tiempo, Agnes utiliza las precauciones de Arnolfo en beneficio de Horacio. Idéntica periodicidad regular en *La escuela de los maridos*, en *El atolondrado* y sobre todo en *George Dandin*, donde encontramos el mismo efecto en tres tiempos: 1° tiempo, George Dandin se da cuenta de que su mujer lo engaña; 2° tiempo, solicita la ayuda de sus suegros; 3° tiempo, es él, George Dandin, quien pide perdón.

A veces se reproducirá la misma escena entre grupos de personajes distintos. En tal caso no es inusual que el primer grupo esté compuesto por los señores y el segundo por los sirvientes. Los sirvientes repetirán en otro tono, con un estilo menos noble, una escena ya representada por los señores. Una parte de *El despecho amoroso* obedece a este esquema, así como *Anfitrión*. En una pequeña comedia muy divertida de Benedix, *Der Eigensinn*, el orden se invierte; son los señores los que reproducen una escena de obstinación siguiendo el ejemplo de los sirvientes.

Pero sean cuales sean los personajes entre los que se armen situaciones simétricas, parece subsistir una diferencia profunda entre la comedia clásica y el teatro contemporáneo. El objetivo es siempre introducir en los acontecimientos un cierto orden matemático sin perder la apariencia de verosimilitud, es decir, de vida. Pero difieren los medios empleados. En la mayor parte de los vodeviles se trabaja directamente la mente del espectador. Y es que, por extraordinaria que sea la coincidencia, resultará aceptable por el mero hecho de ser aceptada, y la aceptaremos si nos han ido preparando poco a poco para recibirla. Así suelen proceder los autores contemporáneos. En el teatro de Molière, por el contrario, son las disposiciones de los personajes, y no las del público, las que hacen que la repetición parezca natural. Cada uno de dichos personajes representa una determinada fuerza aplicada en una determinada dirección, y si se reproduce la misma situación es porque esas fuerzas, de dirección constante, se componen necesariamente entre sí de la misma manera. La comedia de situación, considerada así, está muy próxima a la comedia de carácter. Merece ser llamada clásica, si es verdad que el arte clásico es el que no pretende extraer del efecto más de lo que ha depositado en la causa.

B. LA INVERSIÓN

Este segundo procedimiento presenta tal analogía con el primero que nos conformaremos con definirlo sin insistir en las aplicaciones. Imagine determinados personajes en una situación determinada: obtendrá una escena cómica si hace que la situación se dé vuelta y que los papeles se inviertan. De este tipo es la doble escena de rescate en *El viaje del señor Perrichon*. Pero ni siquiera es necesario que las dos escenas simétricas sean representadas delante de nosotros. Pueden mostrarnos solo una, siempre que estén seguros de que pensamos en la otra. Así es como reímos del detenido que sermonea al juez, del niño que pretende dar lecciones a sus padres, de todo lo que, en suma, entra en el apartado del "mundo al revés".

A menudo nos presentarán a un personaje preparando las redes en las que él mismo terminará cayendo. La historia del perseguidor víctima de su persecución, del embaucador embaucado, es la base de muchas comedias. Ya la encontramos en la antigua farsa. El abogado Pathelin le indica a su cliente una estratagema para engañar al juez: el cliente utilizará la estratagema para no pagarle al abogado. Una mujer desagradable le exige a su marido que haga todas las tareas del hogar; las ha consignado con detalle en una "lista". Pero cuando ella caiga en el fondo de una cuba, su marido se negará a sacarla: "eso no está en su lista". La literatura moderna ha ejecutado muchas variaciones más sobre el tema del atracador atracado. Siempre se trata, en el fondo, de una inversión de papeles y de una situación que se vuelve contra el que la crea.

Aquí quedaría comprobada una ley de la que ya hemos señalado más de una aplicación. Cuando una escena cómica ha sido muy reproducida, pasa a convertirse en "categoría" o modelo. Se vuelve divertida de por sí, con independencia de las causas que hacen que nos haya divertido. Entonces otras escenas nuevas, que no son cómicas de derecho, podrán serlo de hecho si se parecen a aquella en algún aspecto. Traerán a nuestra mente, de manera más o menos confusa, una imagen que sabemos divertida. Entrarán en una sección en la que figura un tipo de comicidad oficialmente reconocido. La escena del "atracador atracado" es de esta especie. Irradia sobre una multitud de otras escenas la comicidad que encierra. Termina por volver cómica cualquier desgracia que uno se busque por su culpa, sea cual sea la culpa, sea cual sea la desgracia —¿qué digo?, la menor alusión a dicha desgracia, la menor frase que la recuerde. La frase "Tú lo has querido, George Dandin" no tendría ninguna gracia sin las resonancias cómicas que la prolongan.

LA INTERFERENCIA DE LAS SERIES

Pero ya hemos hablado bastante de la repetición y la inversión. Llegamos a la *interferencia de las series*. Es un efecto cómico cuya fórmula es difícil de extraer, debido a la extraordinaria variedad de las formas que adopta en teatro. He aquí cómo convendría tal vez definirlo: *Una situación es siempre cómica cuando pertenece al mismo tiempo a dos series de acontecimientos absolutamente independientes y puede interpretarse a la vez con dos sentidos muy distintos.*

Enseguida pensamos en el *enredo*. Y en efecto, el enredo es una situación que presenta al mismo tiempo dos sentidos diferentes, uno tan solo posible, el que le dan los actores, y otro real, el que le atribuye el público. Nosotros percibimos el sentido real de la situación, porque nos han mostrado todas sus caras; pero cada uno de los actores solo conoce una de ellas: de ahí su despiste, de ahí su errónea manera de juzgar lo que se hace a su alrededor y lo que hacen ellos mismos. Nosotros vamos del juicio erróneo al juicio correcto; oscilamos entre el sentido posible y el sentido real; y es este balanceo de nuestra mente entre dos interpretaciones opuestas lo primero que aparece en la diversión que el enredo nos provoca. Es comprensible que a algunos filósofos les haya llamado la atención sobre todo este balanceo, y que varios hayan visto la esencia misma de la comicidad en un choque, o en una superposición, de dos juicios contradictorios. Pero su definición no se adapta, ni mucho menos, a todos los casos; y cuando se adapta, no define el principio de la comicidad, sino tan solo una de sus consecuencias más o menos lejanas. En efecto, resulta fácil ver que el enredo teatral no es sino el caso particular de un fenómeno más general, la interferencia de las series independientes, y que, de hecho, el enredo no es risible por sí mismo, sino tan solo como *signo* de una interferencia de series.

En el enredo, efectivamente, cada personaje está integrado en una serie de acontecimientos que le conciernen, de los que tiene una representación exacta y a los que se adaptan sus palabras y sus actos. Cada serie que atañe a cada personaje se desarrolla de manera independiente; pero dichas series se han cruzado en determinado momento, y ello en tales condiciones que los actos y las palabras que forman parte de una de ellas pueden también aplicarse a la otra. De ahí el despiste de los personajes, de ahí el equívoco; pero dicho equívoco no es cómico por sí mismo; lo es porque revela la coincidencia de las dos series independientes. Prueba de ello es que el autor debe ingeniárselas todo el tiempo para que nuestra atención no pierda de vista este doble hecho, la independencia y la coincidencia. Lo suele conseguir renovando sin cesar la falsa amenaza de una disociación entre las dos series coincidentes. A cada instante todo va a romperse y todo se restablece: es este juego lo que hace gracia, mucho más que el vaivén de nuestra mente entre dos afirmaciones contradictorias. Y nos hace gracia porque nos pone de manifiesto la interferencia de dos series independientes, auténtico origen del efecto cómico.

Así, el enredo solo puede ser un caso particular. Es una de las maneras (acaso la más artificial) de reflejar la interferencia de las series, pero no la única. En lugar de dos series contemporáneas, también se podría tomar una serie de acontecimientos antiguos y otra actual: si ambas series llegan a interferir en nuestra imaginación, ya no habrá enredo, y sin embargo seguirá produciéndose el mismo efecto cómico. Piense usted en el cautiverio de Bonivard en el castillo de Chillon: aquí tenemos una primera serie de hechos. Luego imagínese a Tartarín viajando por Suiza, detenido, encarcelado: segunda serie, independiente de la primera. Haga ahora que Tartarín sea enganchado a la cadena de Bonivard y que ambas historias parezcan coincidir por un instante; tendrá una escena muy divertida, una de las más divertidas que haya diseñado la fantasía de Daudet. Muchos incidentes del género heroico-cómico se descompondrían así. La transposición, generalmente cómica, de lo antiguo a lo moderno se inspira en la misma idea.

Labiche ha echado mano del procedimiento en todas sus formas. Unas veces empieza constituyendo las series independientes y luego se divierte haciéndolas interferir entre sí: tomará un grupo cerrado, los invitados a una boda por ejemplo, y lo llevará a ambientes totalmente distintos en los que algunas coincidencias le permitirán intercalarse de forma momentánea. Otras veces conservará durante toda la obra un único y mismo sistema de personajes, pero hará que algunos de esos personajes tengan algo que esconder, que estén obligados a llevarse bien, que representen, en suma, una pequeña comedia en mitad de la grande: a cada instante una de las dos comedias va a molestar a la otra, luego las cosas se arreglan y la coincidencia de las dos series se restablece. Y otras, por último, intercalará una serie ideal de acontecimientos en la serie real, por ejemplo un pasado que se quisiera ocultar y no deja de hacer irrupción en el presente y cada vez se acaba reconciliando con las situaciones que parecía llamado a trastocar. Pero siempre encontramos las dos series independientes, y siempre la coincidencia parcial.

No llevaremos más lejos este análisis de los procedimientos de vodevil. Haya interferencia de series, inversión o repetición, lo que vemos es que el objetivo es siempre el mismo: obtener lo que hemos llamado una *mecanización* de la vida. Tomamos un sistema de acciones y relaciones y lo repetimos tal cual, o lo ponemos del revés, o lo transportamos en bloque a otro sistema con el que coincide en parte: son todas operaciones que consisten en tratar la vida como un mecanismo de repetición, con efectos reversibles y piezas intercambiables. La vida real es un vodevil en la medida exacta en que produce naturalmente efectos del mismo tipo, y por tanto en la medida exacta en que se despista, ya que si prestase atención todo el tiempo sería continuidad variada, progreso irreversible, unidad indivisa. Y por eso la comicidad de los acontecimientos puede definirse como una distracción de las cosas, igual que la comicidad de un carácter individual se debe siempre, como sospechábamos y como mostraremos con detalle más tarde, a una cierta distracción fundamental de la persona. Pero esta distracción de los acontecimientos es excepcional. Sus efectos son ligeros. Y en cualquier caso es incorregible, de forma que no sirve de nada reírse de ella. Por eso no se nos habría ocurrido exagerarla, erigirla en sistema, crear un arte para ella, si reírse no fuera un placer y la humanidad no agarrase al vuelo la más mínima ocasión de generarlo. Así se explica el vodevil, que es a la vida real lo que el muñeco articulado es al hombre que camina, una exageración muy artificial de cierta rigidez natural de las cosas. Lo une a la vida real un hilo bien frágil. Apenas es más que un juego, supeditado, como todos los juegos, a una convención previamente aceptada. La comedia de carácter planta en la vida raíces mucho más profundas. Dicha comedia será el tema principal de la última parte de nuestro estudio. Pero antes debemos analizar un determinado tipo de comicidad que se parece en numerosos aspectos a la del vodevil, la comicidad verbal.

II

Acaso haya cierta artificialidad en el hecho de dedicar una categoría especial a la comicidad verbal, ya que la mayoría de los efectos cómicos que hemos estudiado hasta ahora se producían a través del lenguaje. Pero hay que distinguir entre la comicidad que el lenguaje expresa y la que el lenguaje crea. La primera tal vez podría traducirse de una lengua a otra, a riesgo de perder la mayor parte de su relieve al pasar a una sociedad nueva, diferente por sus costumbres, su literatura y, sobre todo, sus asociaciones de ideas. Pero la segunda es por regla general intraducible. Debe su esencia a la estructura de la frase o a la elección de las palabras. No certifica, con ayuda del lenguaje, ciertas distracciones particulares de los hombres o los acontecimientos. Lo que hace es subrayar las distracciones del lenguaje mismo. Es el lenguaje mismo lo que aquí se vuelve cómico.

Es verdad que las frases no se hacen solas y que, si nos reímos de ellas, podremos reírnos a la vez de su autor. Pero esta última condición no será imprescindible. La frase, la palabra, tendrán aquí una fuerza cómica independiente. Y prueba de ello es que nos costará mucho, en la mayoría de los casos, decir de quién reímos, aunque sintamos de forma confusa a veces que se trata de alguien concreto.

Esa persona concreta, de hecho, no es siempre la que habla. Habría que hacer aquí una importante distinción entre el *ingenio* y la *comicidad*. Tal vez pudiera parecer que unas palabras son cómicas cuando hacen que nos riamos del que las pronuncia y que son ingeniosas cuando hacen que nos riamos de un tercero o de nosotros mismos. Pero la mayoría de las veces no sabríamos decidir si son cómicas o ingeniosas. Son risibles, simplemente.

Y tal vez lo que debiéramos, antes de ir más lejos, es examinar más de cerca qué entendemos por ingenio. Porque una frase ingeniosa nos hace como mínimo sonreír, de manera que un estudio de la risa estaría incompleto si descartase ahondar en la naturaleza del ingenio, aclarar su esencia. Pero me temo que se trata de una esencia muy sutil, de esas que se descomponen a la luz.

Para empezar diferenciemos dos sentidos de la palabra *ingenio*, uno más amplio, otro más restringido. En el sentido más amplio de la palabra, parece que llamamos ingenio a una determinada forma *dramática* de pensar. En vez de manejar sus ideas como símbolos indiferentes, el hombre ingenioso las ve, las oye y, sobre todo, las hace dialogar entre sí como personas. Las pone en escena y, en cierto sentido, también se pone en escena a sí mismo. Un pueblo ingenioso es también un pueblo apasionado por el teatro. El hombre ingenioso tiene algo de poeta, igual que el buen lector lleva dentro un comediante en ciernes. Hago esta comparación a propósito, porque no resultaría difícil establecer una proporción entre los cuatro términos. Para leer bien, basta con poseer la parte intelectual del arte del comediante; pero para actuar bien, uno tiene que ser comediante con toda el alma y en todas las facetas de su persona. Así, la creación poética exige un cierto olvido de sí mismo, característica por lo general impropia del hombre ingenioso. Este se insinúa más o menos detrás de lo que dice y hace. No se deja absorber, porque solo pone en ello su inteligencia.

Todo poeta podrá pues revelarse como hombre ingenioso cuando le plazca. No necesitará adquirir nada para ello; más bien tendría que perder algo. Le bastaría con dejar a sus ideas conversar entre sí "solo por gusto y nada más". No tendría más que aflojar el doble nudo que mantiene a sus ideas en contacto con sus sentimientos y a su alma en contacto con la vida. Y se volvería hombre ingenioso si ya no quisiera ser poeta con el corazón, sino tan solo con la inteligencia.

Pero si el ingenio suele consistir en ver las cosas *sub specie theatri*, resulta concebible que pueda tener una inclinación más especial hacia una variedad determinada del arte dramático, la comedia. De ahí un sentido más restringido de la palabra, el único que nos interesa, de hecho, desde el punto de vista de la teoría de la risa. En este caso denominaremos *ingenio* cierta disposición a esbozar de pasada escenas de comedia, pero a esbozarlas con tal discreción, con tal levedad, con tal rapidez, que todo se ha terminado cuando em pezamos a darnos cuenta.

¿Quiénes son los actores de dichas escenas? ¿A quién se refiere el hombre ingenioso? Primero a sus propios interlocutores, cuando la frase es una réplica directa a uno de ellos. A menudo a una persona ausente: supone que esta ha hablado y que él le responde. Más a menudo aún a todo el mundo, quiero decir al sentido común, al cual ataca volviendo paradójica una idea corriente, o utilizando un giro idiomático aceptado, parodiando una cita o un refrán. Compare estas escenitas entre sí, verá que son normalmente variaciones sobre un tema de comedia que conocemos bien, el del "atracador atracado". Uno agarra una metáfora, una frase, un razonamiento, y los vuelve contra el que los hace o podría hacerlos, de manera que haya dicho lo que no quería decir y que sea él mismo quien caiga, en cierto modo, en la trampa del lenguaje. Pero el tema del "atracador atracado" no es el único posible. Hemos analizado muchas especies de comicidad; no hay una sola que no pueda convertirse en agudeza del ingenio.

La frase ingeniosa se prestará pues a un análisis del que podemos dar ahora, por así decir, la fórmula farmacéutica. He aquí dicha fórmula. Agarre la frase, densifíquela primero en escena actuada, busque luego la categoría cómica a la que dicha escena pertenecería: reducirá así la frase a sus elementos más simples y tendrá la explicación completa.

Apliquemos este método a un ejemplo clásico. "Me duele tu pecho", escribía Madame de Sévigné a su hija enferma. Esto es una frase ingeniosa. Si nuestra teoría es exacta, nos bastará con darle relieve a la frase, con inflarla y densificarla, para verla desplegarse en escena cómica. Y precisamente, dicha escenita la encontramos, tal cual, en *El amor médico* de Molière.

El falso médico Clitandro, al que han llamado para que atienda a la hija de Sganarelle, se conforma con tomarle el pulso al propio Sganarelle, tras de lo cual concluye sin vacilar, basándose en la simpatía que debe existir entre el padre y la hija: "¡Su hija está muy enferma!". Así se ha pasado del ingenio a la comicidad. Y ya, para completar nuestro análisis, solo nos queda buscar cuál es la comicidad contenida en la idea de establecer un diagnóstico del niño después de auscultar al padre o a la madre. Pero sabemos que una de las formas esenciales de la fantasía cómica consiste en mostrarnos al hombre vivo como una especie de muñeco articulado y que, a menudo, para determinarnos a formar dicha imagen, nos muestran a dos o más personas que hablan y actúan como si estuviesen unidas unas a otras por hilos invisibles. ¿No es ésa la idea que se nos sugiere acá al llevarnos a materializar, digamos, la simpatía que establecemos entre la hija y su padre?

Se comprenderá entonces por qué los autores que se han ocupado del ingenio se han limitado a notar la extraordinaria complejidad de las cosas que dicho término designa, sin conseguir definirlo la mayoría de las veces. Hay muchas maneras de ser ingenioso, casi tantas como de no serlo. ¿Cómo distinguir qué puntos tienen en común dichas maneras, si primero no determinamos el vínculo general entre el ingenio y la comicidad? Pero una vez despejado dicho vínculo, todo se aclara. Entre la comicidad y el ingenio descubrimos entonces la misma relación que entre una escena hecha y la fugitiva indicación de una escena por hacer. El ingenio tendrá tantas variedades como formas distintas puede adoptar la comicidad. Es, pues, la comicidad, en sus diversas formas, lo que hay que definir primero, buscando (cosa ya harto difícil) el hilo que conduce de una forma a otra. Haciendo esto habremos analizado el ingenio, que se revelará entonces como mera comicidad volatilizada. Pero seguir el método opuesto, buscar directamente la fórmula del ingenio, es correr hacia un fracaso seguro. ¿Qué diríamos del químico que tuviera cuerpos a discreción en su laboratorio y pretendiera limitarse a estudiarlos en estado de simples huellas en la atmósfera?

Pero esta comparación del ingenio y la comicidad nos indica a su vez el camino a seguir para el estudio de la comicidad verbal. Por un lado, en efecto, vemos que no hay diferencia esencial entre una frase cómica y una frase ingeniosa, y, por otro, la frase ingeniosa, aunque ligada a una figura lingüística, evoca la imagen confusa o nítida de una escena cómica. Esto significa que la comicidad del lenguaje debe corresponderse, punto por punto, con la comicidad de acciones y situaciones y que no es más, si podemos decirlo así, que su proyección en el plano de las palabras. Volvamos pues a la comicidad de acciones y situaciones. Consideremos los principales procedimientos que llevan a obtenerla. Apliquemos dichos procedimientos a la elección de las palabras y a la construcción de las frases. Tendremos así las formas diversas de la comicidad verbal y las variedades posibles del ingenio.

1

Dejarse llevar por un efecto de rigidez o de velocidad adquirida, y decir lo que no se quería decir o hacer lo que no se quería hacer; ésa es, ya lo sabemos, una de las grandes fuentes de la comicidad. Por eso la distracción es en esencia risible. Por eso también reímos de lo que puedan tener de rígido, de preestablecido, de mecánico, los gestos, las actitudes e incluso los rasgos de la fisonomía. ¿Este tipo de rigidez se observa también en el lenguaje? Sí, sin duda, puesto que hay fórmulas hechas y frases estereotipadas. Un personaje que siempre se expresase con ese estilo sería invariablemente cómico. Pero para que una frase aislada sea cómica en sí, una vez separada de quien la pronuncia, no basta con que sea una frase hecha, debe llevar una señal que nos permita reconocer, sin vacilación posible, que ha sido pronunciada de forma automática. Y esto solo puede suceder si la frase es de un absurdo manifiesto, si encierra ya sea un burdo error, ya sea, sobre todo, una contradicción en sus propios términos. De ahí esta regla general: *Obtendremos una frase cómica introduciendo una idea absurda en un molde de frase consagrado.*

"Este sable es el día más feliz de mi vida", dice Monsieur Prudhomme[7]. Traduzca la frase al inglés o al alemán y se volverá sencillamente absurda, perdiendo toda la comicidad que tenía en francés. Y es que "el día más feliz de mi vida" es uno de esos tópicos finales de frase a los que nuestro oído está acostumbrado. Basta entonces, para volverlo cómico, con poner en evidencia el automatismo del que lo pronuncia. Y eso se consigue introduciendo un absurdo. El absurdo no es aquí la fuente de la comicidad. Es solo un medio muy sencillo y eficaz de revelárnosla.

---

7. Monsieur Prudhomme es una caricatura del burgués francés del siglo XIX. Este personaje fue creado por el dramaturgo, caricaturista y actor francés Henry Monnier (1799-1877). [N del T].

Solo hemos citado una frase de Monsieur Prudhomme. Pero la mayoría de las frases que se le atribuyen están hechas a partir del mismo modelo. Monsieur Prudhomme es el hombre de las frases hechas. Y como hay frases hechas en todos los idiomas, Monsieur Prudhomme es en general trasladable, pero rara vez traducible.

Algunas veces la frase trivial, debajo de la cual se esconde el absurdo, es algo más difícil de distinguir. "No me gusta trabajar entre las comidas", dijo un perezoso. La frase no sería divertida si no existiera este saludable precepto higiénico: "No hay que comer entre las comidas".

Otras veces el efecto se complica. En lugar de un único molde de frase trivial, hay dos o tres que encajan unos en otros. Veamos, por ejemplo, esta frase de un personaje de Labiche: "Solo Dios tiene derecho a matar a sus semejantes". Aquí se saca provecho de dos proposiciones que nos resultan familiares: "Es Dios el que dispone de la vida de los hombres" y "Es un crimen que un hombre mate a sus semejantes". Pero ambas proposiciones se combinan de tal manera que engañan a nuestro oído y nos parece encontrarnos ante una de esas frases que uno repite y acepta de modo mecánico. De ahí una somnolencia de nuestra atención, que de repente es despertada por el absurdo.

Estos ejemplos bastarán para dar a entender cómo una de las formas más importantes de la comicidad se proyecta y simplifica en el terreno del lenguaje. Pasemos a una forma menos general.

2

"Reímos todas las veces que nuestra atención se desvía hacia el físico de una persona cuando de lo que se trataba era de moral": hemos enunciado esta ley en la primera parte de nuestro trabajo. Apliquémosla al lenguaje. Podríamos decir que la mayoría de las palabras presentan un sentido *físico* y un sentido *moral*, dependiendo de si las tomamos en sentido literal o figurado. En efecto, toda palabra empieza designando un objeto concreto o una acción material; pero poco a poco el sentido de la palabra ha podido elevarse y convertirse en relación abstracta o en idea pura. Así que si nuestra ley se mantiene aquí, deberá adoptar la forma siguiente: *Obtenemos un efecto cómico cuando fingimos entender en sentido literal una expresión empleada en sentido figurado*. O esta otra: *En cuanto nuestra atención se concentra en la materialidad de una metáfora, la idea expresada se vuelve cómica*.

"Todas las artes son hermanas": en esta frase la palabra "hermana" es utilizada metafóricamente para designar una semejanza más o menos profunda. Y la palabra se usa así con tal frecuencia que ya no pensamos, al oírla, en la relación concreta y material que implica un parentesco. Pensaríamos más en ello si nos dijesen "Todas las artes son primas", porque la palabra "prima" no se utiliza tan a menudo en sentido figurado; por tanto dicha palabra se teñiría aquí de un ligero matiz cómico. Escarbe ahora hasta el fondo, suponga que atraen con violencia nuestra atención sobre la materialidad de la imagen eligiendo una relación de parentesco incompatible con el género de los términos que dicho parentesco debe unir: el efecto será risible. Es el caso de la famosa frase, también atribuida a Monsieur Prudhomme: "Todas las artes son hermanos".

"Corre tras el ingenio", decían delante de Boufflers acerca de un pretencioso personaje. Si Boufflers hubiera respondido "No lo agarrará", habría sido el principio de una réplica ingeniosa; pero solo habría sido el principio, ya que el término "agarrar" se emplea en sentido figurado casi tanto como el término "correr", de modo que no nos obliga con la suficiente violencia a materializar la imagen de dos corredores lanzados uno tras otro. ¿Quiere que la réplica me parezca totalmente ingeniosa? Tendrá usted que extraer del vocabulario deportivo un término tan concreto, tan vivo, que yo de verdad pueda abstenerme de asistir a la carrera. Es lo que hace Boufflers: "Yo apuesto por el ingenio".

Decíamos que a menudo el ingenio consiste en prolongar la idea de un interlocutor hasta que termine expresando lo contrario de su pensamiento, de manera que sea él quien caiga, por así decir, en la trampa de su discurso. Añadamos ahora que a menudo dicha trampa es también una metáfora o comparación cuya materialidad se vuelve contra él. Recordemos el diálogo entre una madre y su hijo en *Les Faux Bonshommes*: "-Amigo mío, la Bolsa es un juego peligroso. Ganas un día y pierdes al día siguiente. -En ese caso, yo solo jugaré cada dos días". Y en la misma obra, la edificante conversación de dos financieros: "-¿Estamos obrando con lealtad? Porque la verdad es que les estamos sacando el dinero de los bolsillos a esos pobres accionistas... -¿Y de dónde quiere usted que se lo saquemos?".

Así, obtendremos un efecto divertido cuando desarrollemos un símbolo o emblema en el sentido de su materialidad y finjamos mantener en dicho desarrollo el mismo valor simbólico del emblema. En un jubiloso vodevil nos presentan a un funcionario de Mónaco cuyo uniforme está cubierto de medallas, aunque solo le han concedido una condecoración: "Es, dice, porque aposté mi medalla a un número de la ruleta y, como salió dicho número, me llevé treinta y seis veces mi apuesta". ¿No es un razonamiento análogo al de Giboyer en *Les Effrontés*? Están hablando de una novia de cuarenta años que lleva flores de naranjo en su vestido de boda: "Le correspondería llevar naranjas", dice Giboyer.

Pero no terminaríamos nunca si tuviéramos que retomar una por una las diversas leyes que hemos enunciado para comprobar que se cumplen en eso que hemos llamado el terreno del lenguaje. Mejor nos atenemos a las tres propuestas generales de nuestro último capítulo. Hemos mostrado que las "series de acontecimientos" podían volverse cómicas por *repetición*, por *inversión* o por *interferencia*. Vamos a ver que ocurre lo mismo con las series de palabras.

Agarrar series de acontecimientos y repetirlas en un tono nuevo o en un ambiente nuevo, o invertirlas de tal manera que sigan conservando un sentido, o mezclarlas para que sus respectivos significados interfieran entre sí; todo esto es cómico, decíamos, porque es lograr que la vida se deje tratar de forma mecánica. Pero también el pensamiento vive. Y el lenguaje, que traduce el pensamiento, debería estar igual de vivo. Así pues, suponemos que una frase se volverá cómica si cobra otro sentido al darse vuelta, o si expresa al mismo tiempo dos sistemas de ideas totalmente independientes, o si ha sido obtenida transponiendo una idea a un tono que no es el suyo. Estas son las tres leyes fundamentales de lo que podríamos llamar la *transformación cómica de las proposiciones*, como vamos a mostrar con ejemplos.

Digamos para empezar que estas tres leyes no tienen, ni de lejos, la misma importancia para la teoría de la comicidad. La *inversión* es el procedimiento menos interesante. Pero es sin duda de fácil aplicación, pues nos damos cuenta de que los profesionales del ingenio, en cuanto oyen pronunciar una frase, se fijan en si pueden obtener otro sentido invirtiéndola, poniendo, por ejemplo, el sujeto en el lugar del complemento y el complemento en el lugar del sujeto. No es inhabitual el uso de este método para refutar una idea en términos más o menos graciosos. En una comedia de Labiche, un personaje le grita al inquilino de arriba, que le está ensuciando el balcón: "¿Por qué vacía usted sus pipas en mi terraza?". A lo que la voz del inquilino responde: "¿Por qué pone usted su terraza debajo de mis pipas?". Pero es inútil insistir en este tipo de ingenio. Sería demasiado fácil multiplicar los ejemplos.

La *interferencia* de dos sistemas de ideas en la misma frase es una fuente inagotable de efectos graciosos. Hay aquí muchas maneras de llegar a la interferencia, es decir de dar a la misma frase dos significados independientes que se superponen. La manera menos estimable es el calambur. En el calambur es la misma frase la que parece presentar dos sentidos independientes, pero no es más que una apariencia y en realidad hay dos frases distintas –compuestas de palabras distintas– que fingimos confundir aprovechando que a nuestro oído le llega el mismo sonido. Del calambur pasaremos mediante imperceptibles gradaciones al auténtico juego de palabras. Aquí los dos sistemas de ideas se solapan de verdad en una única y misma frase y se trata de las mismas palabras; simplemente aprovechamos los diversos sentidos que una palabra puede adoptar, sobre todo en su paso del sentido literal al figurado. Así pues, a menudo solo encontraremos un matiz distintivo entre el juego de palabras por un lado y la metáfora poética o la comparación instructiva por otro. Mientras la comparación instructiva y la imagen sorprendente parecen revelar el acuerdo íntimo del lenguaje y la naturaleza, considerados como dos formas paralelas de la vida, el juego de palabras nos hace pensar más bien en un descuido del lenguaje, que por un instante se olvidaría de su auténtico objetivo y pretendería ajustar las cosas a él, en lugar de ajustarse él a ellas. El juego de palabras delata una *distracción* momentánea del lenguaje, y eso es lo que lo hace divertido.

Inversión e *interferencia* no son, en resumen, más que juegos de ingenio que desembocan en juegos de palabras. Más profunda es la comicidad de la *transposición*. En efecto, la transposición es al lenguaje corriente lo que la repetición es a la comedia.

Decíamos que la repetición es el procedimiento favorito de la comedia clásica. Consiste en disponer los acontecimientos de tal manera que una escena se reproduzca, ya sea entre los mismos personajes en nuevas circunstancias, ya sea entre personajes nuevos en situaciones idénticas. Así es como los criados repetirán, en lenguaje menos noble, una escena ya interpretada por los señores. Piense usted ahora en unas ideas expresadas en el estilo que les es propio y enmarcadas así en su ambiente natural. Si se imagina un dispositivo que les permita transportarse a un ambiente nuevo conservando los lazos que las unen o, dicho sea en otros términos, si las lleva a expresarse en un estilo muy diferente y a transponerse a un tono bien distinto, será el lenguaje el que esta vez genere la comedia, será el lenguaje el que sea cómico. No será en absoluto necesario, de hecho, que nos presenten las dos expresiones de la misma idea, la expresión transpuesta y la expresión natural. Ya conocemos la expresión natural puesto que es la que encontramos por instinto. Así que el esfuerzo de inventiva cómica se concentrará en la otra, y solo en la otra. En cuanto nos presentan la segunda, nosotros añadimos la primera. De ahí esta regla general: *Se obtendrá un efecto cómico transponiendo la expresión natural de una idea a otro tono.*

Son tan numerosos y variados los métodos de transposición, es tan rica la continuidad de tonos que presenta el lenguaje, son tantos los niveles por los que puede pasar aquí la comicidad, desde la más insípida bufonada hasta las formas más elevadas del *humor* y la ironía, que renunciamos a hacer una enumeración completa. Nos bastará, una vez enunciada la regla, con comprobar de tarde en tarde sus principales aplicaciones.

Podríamos empezar distinguiendo dos tonos extremos, el solemne y el coloquial. Se obtendrán los efectos más toscos mediante la mera transposición de uno a otro. De ahí se derivan dos direcciones opuestas de la fantasía cómica.

¿La transposición es de lo solemne a lo coloquial? Tenemos la parodia. Y el efecto paródico, así definido, se prolongará hasta en esos casos en los que la idea expresada en términos coloquiales es de las que deberían, aunque solo sea por costumbre, adoptar otro tono. Ejemplo, esta descripción del despuntar de la aurora, citada por Jean Paul: "El cielo empezaba a pasar del negro al rojo, parecido a un bogavante cocinándose". Nótese que la expresión de cosas antiguas en términos de la vida moderna causa el mismo efecto, debido a la aureola de poesía que rodea a la antigüedad clásica.

Es, sin ninguna duda, la comicidad de la parodia lo que ha sugerido a algunos filósofos, en especial a Alexander Bain, la idea de definir la comicidad en general a través de la *degradación*. Lo risible nacería "cuando nos presentan una cosa, antes respetada, como algo mediocre y vil". Pero si nuestro análisis es exacto, la degradación solo es una de las formas de la transposición, y la transposición, por su parte, solo es una de las maneras de provocar la risa. Hay muchas más, y la fuente de la risa hay que buscarla más arriba. De hecho, sin irnos tan lejos, resulta fácil ver que si la transposición de lo solemne a lo trivial, de lo mejor a lo peor, es cómica, la transposición inversa puede serlo todavía más.

La encontramos tan a menudo como la otra. Y podríamos, según parece, distinguir dos formas principales, dependiendo de si se fija en la *magnitud* de los objetos o en su *valor*. Hablar de las pequeñas cosas como si fueran grandes es, en líneas generales, *exagerar*. La exageración es cómica si es prolongada y sobre todo si es sistemática: es entonces, en efecto, cuando aparece como un procedimiento de transposición. Hace reír tanto que algunos autores han definido la comicidad desde la exageración, como otros la habían definido desde la degradación. En realidad, la exageración, igual que la degradación, solo es una determinada forma de una determinada especie de comicidad. Pero es una forma que llama la atención. Ha dado origen al poema heroico-cómico, género algo gastado, sin duda, pero cuyos restos encontramos en todos aquellos que tienen propensión a exagerar metódicamente. Podríamos decir que la jactancia, a menudo, nos hace reír por su lado heroico-cómico.

Más artificial, pero también más refinada, es la transposición hacia arriba aplicada al valor de las cosas, y no ya a su magnitud. Expresar con honestidad una idea deshonesta, agarrar una situación escabrosa, o un oficio ruin, o una conducta vil, y describirlos en términos de estricta *respectability*, he aquí algo generalmente cómico. Acabamos de usar una palabra inglesa: la cosa misma, en efecto, es bien inglesa. Encontraríamos innumerables ejemplos en Dickens, en Thackeray, en la literatura inglesa en general. Señalémoslo de pasada: la intensidad del efecto no depende aquí de su longitud. Una palabra bastará a veces, con tal de que dicha palabra nos deje entrever todo un sistema de transposición aceptado en un determinado ambiente y nos revele, de algún modo, una organización moral de la inmoralidad. Recordemos la observación de un alto funcionario a uno de sus subordinados, en una obra de Gogol: "Robas demasiado para un funcionario de tu jerarquía".

Resumiendo, diremos que hay para empezar dos términos de comparación extremos, lo muy grande y lo muy pequeño, lo mejor y lo peor, entre los cuales la transposición puede efectuarse en un sentido u otro. Si ahora apretáramos poco a poco el espacio intermedio, obtendríamos términos de un contraste cada vez menos brutal y efectos de transposición cómica cada vez más sutiles.

La más general de dichas oposiciones sería tal vez la de lo real y lo ideal, la de lo que es y lo que debería ser. Aquí también la transposición podrá hacerse en las dos direcciones contrarias. Por un lado se enunciará lo que debería ser fingiendo creer que es precisamente lo que es: en esto consiste la *ironía*. Por otro, en cambio, se describirá minuciosa y meticulosamente lo que es aparentando creer que es así como las cosas deberían ser: de esta manera suele proceder el *humor*. El humor, así definido, es lo contrario de la ironía. Son, el uno y la otra, formas de la sátira, pero la ironía es de naturaleza oratoria, mientras que el humor tiene un toque más científico. Se acentúa la ironía dejándose elevar cada vez más por la idea del bien que debería ser: por eso la ironía puede calentarse en su interior hasta volverse, en cierto modo, elocuencia bajo presión. Se acentúa el humor, en cambio, descendiendo cada vez más en el interior del mal que es, para señalar sus particularidades con una indiferencia más fría. Varios autores, Jean Paul entre otros, han observado que al humor le gustan los términos concretos, los detalles técnicos, los hechos precisos. Si nuestro análisis es exacto, no es este un rasgo accidental del humor, es, ahí donde se encuentra, su esencia misma. El humorista es aquí un moralista que se disfraza de científico, algo así como un anatomista que solo practicase la disección para asquearnos; y el humor, en el restringido sentido que le estamos dando a la palabra, es una transposición de lo moral a lo científico.

Estrechando aún más el espacio entre los términos que se pueden transponer, obtendríamos sistemas de transposición cómica cada vez más especiales. Así, algunas profesiones tienen un vocabulario técnico: ¡qué efectos risibles no se habrán obtenido transponiendo a ese lenguaje profesional las ideas de la vida corriente! Igual de cómica es la extensión del idioma de los negocios a las relaciones mundanas, por ejemplo esa frase de un personaje de Labiche haciendo alusión a una carta de invitación que ha recibido, "Su ofrecimiento del 3 de los transcurridos", transponiendo así la fórmula comercial "Su epístola del 3 de los corrientes". De hecho, este tipo de comicidad puede alcanzar una profundidad particular cuando ya no solo destapa un hábito profesional, sino un vicio de carácter. Recordemos las escenas de *Les Faux Bonshommes* y de *La familia Benoiton* en las que se trata el matrimonio como un negocio y se plantean las cuestiones sentimentales en términos estrictamente comerciales.

Pero aquí llegamos a ese punto en el que las particularidades del lenguaje no hacen sino traducir las particularidades del carácter, y es algo que debemos reservar para nuestro próximo capítulo, donde lo estudiaremos en mayor profundidad. Como era de esperar, y como hemos podido ver, la comicidad verbal sigue de cerca a la comicidad de situación y se pierde, junto con este último tipo de comicidad, en la comicidad de carácter. Si el lenguaje da pie a efectos risibles es solo porque es una obra humana que se amolda con toda la precisión posible a las formas de la mente humana. Sentimos en él algo que vive nuestra vida; y si esta vida del lenguaje fuera completa y perfecta, si nada en ella estuviera petrificado, si el lenguaje fuera, en suma, un organismo totalmente unificado, incapaz de escindirse en organismos independientes, se libraría de la comicidad igual que lo haría un alma con una vida armónicamente fundida, unida, semejante a una corriente de agua bien tranquila. Pero no hay estanque que no deje flotar hojas secas en su superficie, ni hay alma humana en la que no se posen hábitos que la endurecen contra sí misma endureciéndola contra las demás, ni hay idioma lo bastante flexible, lo bastante vivo, lo bastante presente por entero en cada una de sus partes como para eliminar lo preestablecido y resistir también a las operaciones mecánicas de inversión, transposición, etc., a las que uno quisiera someterlo como si fuera un simple objeto. Lo rígido, lo preestablecido, lo mecánico, en contraste con lo flexible, con lo continuamente cambiante, con lo vivo, la distracción en contraste con la atención, el automatismo en contraste con la actividad libre, he aquí, en resumen, lo que la risa subraya y quisiera corregir. Le pedimos a esta idea que iluminase nuestros comienzos en el momento en que nos adentrábamos en el análisis de la comicidad. La hemos visto brillar en todos los cruces decisivos de nuestro camino. Con ella vamos ahora a afrontar una investigación más importante y, así lo esperamos, más instructiva. En efecto, nos proponemos estudiar los caracteres cómicos, o más bien determinar las condiciones esenciales de la comedia de carácter, pero intentando que nuestro estudio nos ayude a entender la auténtica naturaleza del arte, así como la relación general del arte con la vida.

Capítulo III

La comicidad de carácter

I

HEMOS SEGUIDO A LA comicidad por varios de sus giros y rodeos, investigando cómo se infiltra en una forma, una actitud, un gesto, una situación, una acción, una palabra. Con el análisis de los *caracteres* cómicos, llegamos ahora a la parte más importante de nuestro quehacer. De hecho también sería la más difícil si hubiéramos cedido a la tentación de definir lo risible con algunos ejemplos claros, y por consiguiente burdos: en tal caso, a medida que nos hubiéramos ido elevando hacia las manifestaciones más altas de la comicidad, habríamos ido viendo como los hechos escapan por las fisuras demasiado grandes de una definición destinada a retenerlos. Pero nosotros hemos seguido el método opuesto: hemos dirigido la luz de arriba abajo. Convencidos de que la risa tiene alcance y significación social, de que la comicidad expresa ante todo una cierta inadaptación particular de la persona a la sociedad, de que lo único cómico es el hombre, nos hemos fijado primero en el hombre, en el carácter. La dificultad radicaba entonces en explicar por qué no solo reímos de un carácter y mediante qué sutiles fenómenos de impregnación, de combinación o de mezcla puede la comicidad penetrar en un simple movimiento, en una situación impersonal, en una frase independiente. Ése es el trabajo que hemos hecho hasta aquí. Nos dábamos el metal puro y nuestros esfuerzos solo tendían a reconstituir la mena. Pero ahora es el metal lo que vamos a estudiar. Nada será más sencillo, pues esta vez nos enfrentamos a un elemento simple. Observémoslo de cerca y veamos cómo reacciona a todo lo demás.

Hay talantes, decíamos, que nos emocionan nada más conocerlos, alegrías y tristezas con las que simpatizamos, pasiones y vicios que provocan asombro doloroso, o terror, o piedad en quienes los contemplan, sentimientos que se prolongan de alma en alma por resonancias sentimentales. Todo eso afecta a la esencia de la vida. Todo eso es serio, a veces incluso trágico. Cuando el otro deja de emocionarnos, y solo entonces, puede empezar la comedia. Y esta empieza con lo que podríamos llamar *la rigidez contra la vida social*. Es cómico el personaje que sigue de forma automática su camino sin preocuparse por entablar contacto con los demás. La risa está ahí para corregir su distracción y sacarlo de su ensoñación. Si está permitido establecer comparaciones entre las grandes y las pequeñas cosas, recordaremos aquí lo que sucede a la hora de acceder a nuestras Escuelas. Cuando el candidato ha superado las temibles pruebas del examen, aún debe afrontar otras, las que sus compañeros más antiguos le preparan para adaptarlo a la nueva sociedad en la que entra y, según dicen, para suavizar su carácter. Cualquier pequeña sociedad que se forma en el seno de la grande se ve impulsada, por un vago instinto, a inventar un método de corrección y suavización contra la rigidez de los hábitos que han sido contraídos fuera de ella y hay que modificar. La sociedad propiamente dicha no procede de otra manera. Cada uno de sus miembros debe permanecer atento a lo que lo rodea, amoldarse a su entorno, evitar encerrarse en su carácter como en una torre de marfil. Y por eso la sociedad hace que planee sobre todos ellos, ya que no la amenaza de una corrección, sí al menos la perspectiva de una humillación que no por ser ligera es menos temida. Ésa debe ser la función de la risa. Siempre un poco humillante para sus víctimas, la risa es realmente una especie de novatada social.

De ahí el carácter equívoco de la comicidad. Ni pertenece por completo al arte ni pertenece por completo a la vida. Por un lado los personajes de la vida real no nos harían reír si no fuéramos capaces de contemplarlos como quien asiste a un espectáculo desde lo alto de un palco; solo nos resultan cómicos porque nos brindan la comedia. Pero por otro lado, incluso en teatro, el placer de la risa no es un placer puro, quiero decir un placer exclusivamente estético, absolutamente desinteresado. Esconde una segunda intención que la sociedad tiene por nosotros cuando no la tenemos nosotros mismos. Hay en él una intención inconfesada de humillar y, por ende, es cierto, de corregir al menos exteriormente. Por eso la comedia está mucho más cerca de la vida real que el drama. Cuanto mayor es la magnitud de un drama, más profunda es la elaboración a la que el poeta ha debido someter a la realidad para extraer la tragedia en estado puro. En cambio, solo en sus formas inferiores, el vodevil y la farsa, contrasta la comedia con lo real: cuanto más se eleva, más tiende a confundirse con la vida, y hay escenas de la vida real tan próximas a la alta comedia que el teatro podría hacerlas suyas sin cambiar ni una palabra.

Como consecuencia de ello, los elementos del carácter cómico serán los mismos en el teatro y en la vida. ¿Cuáles son esos elementos? No nos costará trabajo deducirlos.

Con frecuencia se ha dicho que los defectos *leves* de nuestros semejantes son los que nos hacen reír. Reconozco que hay gran parte de verdad en dicha opinión y, sin embargo, no puedo creerla del todo exacta. Para empezar, en materia de defectos, es difícil establecer el límite entre lo leve y lo grave: quizás los defectos no nos hacen reír porque son leves, sino que nos parecen leves porque nos hacen reír; nada desarma como la risa. Pero podemos ir más lejos y sostener que hay defectos de los que reímos sabiendo que son graves: por ejemplo la avaricia de Harpagón. Y además tenemos que reconocer —aunque cueste un poco decirlo— que no solo reímos de los defectos de nuestros semejantes, sino también, a veces, de sus cualidades. Reímos de Alcestes. Se objetará que lo cómico no es la honestidad de Alcestes sino la forma especial que la honestidad adopta en él y, en suma, una determinada falla que nos la estropea. De acuerdo, pero no es menos cierto que dicha falla de Alcestes, de la que reímos, *vuelve risible su honestidad*, y eso es lo que importa. Concluyamos pues, para terminar, que la comicidad no es siempre indicio de la presencia de un defecto, en el sentido moral de la palabra, y que si insistimos en ver un defecto, y un defecto leve, deberemos indicar en qué señal precisa se distingue aquí lo leve de lo grave.

La verdad es que el personaje cómico puede, en última instancia, estar en regla con la estricta moral. Solo le falta ponerse en regla con la sociedad. El carácter de Alcestes es el de un perfecto hombre honesto. Pero es insociable, y eso lo hace cómico. Un vicio flexible sería menos fácil de ridiculizar que una virtud inquebrantable. Es la *rigidez* la que resulta sospechosa para la sociedad. Así pues, es la rigidez de Alcestes la que nos hace reír, aunque dicha rigidez sea en su caso honestidad. Todo el que se aísla se expone al ridículo, porque la comicidad está hecha, en gran parte, de este mismo aislamiento. Así se explica que la comicidad esté tan a menudo relacionada con las costumbres, las ideas y –digámoslo claro– los prejuicios de una sociedad.

No obstante, hay que reconocer, en honor a la humanidad, que el ideal social y el ideal moral no difieren en su esencia. Así pues, podemos admitir que por regla general son los defectos de los demás los que nos hacen reír –aunque haya que añadir, es cierto, que dichos defectos nos hacen reír en razón de su *insociabilidad* más que de su *inmoralidad*–. Faltaría saber entonces cuáles son los defectos que pueden llegar a ser cómicos y en qué casos los consideramos demasiado graves para reír de ellos.

Pero a esta pregunta ya hemos respondido de forma implícita. La comicidad, decíamos, se dirige a la inteligencia pura; la risa es incompatible con la emoción. Descríbame un defecto todo lo leve que usted quiera: si me lo presenta con la intención de despertar mi simpatía, o mi temor, o mi piedad, se acabó, ya no puedo reír. Elija en cambio un vicio profundo e incluso, en general, odioso: podrá volverlo cómico si primero consigue, mediante los artificios apropiados, que me deje insensible. No digo que entonces el vicio será cómico; digo que a partir de entonces podrá llegar a serlo. *No debe emocionarme*, esa es la única condición de veras necesaria, aunque no suficiente, eso seguro.

¿Pero cómo hará el poeta cómico para impedir que me emocione? Espinosa cuestión. Para entenderla, habría que adentrarse en un régimen de investigaciones bastante nuevo, analizar la simpatía artificial que llevamos al teatro, determinar en qué casos aceptamos y en qué casos rehusamos compartir alegrías y sufrimientos imaginarios. Es un arte acunar nuestra sensibilidad y prepararle sueños como a un sujeto magnetizado. Y lo es también disuadir a nuestra simpatía en el preciso instante en que podría aflorar, de tal manera que la situación, aunque sea seria, no sea tomada en serio. Dos procedimientos parecen dominar en este último arte, y el poeta cómico los aplica de modo más o menos inconsciente. El primero consiste en *aislar*, en mitad del alma del personaje, el sentimiento que se le atribuye, y hacer de él, por así decir, un estado parásito dotado de una existencia independiente. En general, un sentimiento intenso va colonizando de forma paulatina todos los demás estados de ánimo y los tiñe con la coloración que le es propia: si nos hacen asistir a dicha impregnación gradual, poco a poco terminamos por impregnarnos nosotros mismos de una emoción correspondiente. Podríamos decir –recurriendo a otra imagen– que una emoción es dramática, comunicativa, cuando todos los armónicos acompañan a la nota fundamental. Como el actor vibra por entero, el público podrá vibrar también. En cambio, en la emoción que nos deja indiferentes y se volverá cómica, hay una *rigidez* que le impide entrar en relación con el resto del alma en que se aloja. Dicha rigidez podrá resaltarse, en un momento determinado, con movimientos de marioneta y provocar entonces la risa, pero ya antes incomodaba a nuestra simpatía: ¿cómo sintonizar con un alma que no está en sintonía consigo misma? Hay en *El avaro* una escena que coquetea con el drama. Es esa en la que el prestatario y el usurero, que aún no se habían visto, se encuentran cara a cara y resultan ser el hijo y el padre. Estaríamos en un auténtico drama si la avaricia y el sentimiento paterno, al entrechocar en el alma de Harpagón, produjesen una combinación más o menos original. Pero nada de eso. Al terminar la entrevista, el padre ya se ha olvidado de todo. Cuando vuelve a encontrarse con su hijo, apenas alude a tan grave escena: "Y vos, hijo mío, a quien tengo la bondad de perdonar lo ocurrido hace un rato, etc." Así pues, la avaricia ha pasado junto a todo lo demás sin tocarlo, sin ser tocada, *distraídamente*. Por mucho que se instale en el alma, por mucho que se haya convertido en la dueña de la casa, no deja de ser una extraña. Cualquier otra sería una avaricia de naturaleza trágica. La veríamos atraer hacia sí, absorber, deglutir, transformándolas, las diversas potencias del ser: los sentimientos y los afectos, los deseos y las aversiones, los vicios y las virtudes se convertirían en una materia a la que la avaricia transmitiría un nuevo tipo de vida. Ésa parece ser la primera diferencia esencial entre la alta comedia y el drama.

Hay una segunda diferencia, más aparente, y que de hecho deriva de la primera. Cuando nos describen un talante con la intención de volverlo dramático o, simplemente, de que nos lo tomemos en serio, lo van encaminando poco a poco hacia acciones que den su medida exacta. Así, el avaro hará cualquier cosa por obtener ganancias y el falso devoto, fingiendo no mirar más que al cielo, se dedicará a manipular con la mayor habilidad posible sobre la tierra. Es verdad que la comedia no excluye este tipo de tejemanejes; como prueba, me basta con las maquinaciones de Tartufo. Pero eso es lo que la comedia tiene en común con el drama y, a fin de distinguirse, de impedir que nos tomemos en serio la acción seria, o sea de prepararnos para la risa, se sirve de un medio cuya fórmula daré así: *en lugar de concentrar nuestra atención en los actos, la dirige más bien hacia los gestos*. Entiendo aquí por gestos las actitudes, los movimientos e incluso los discursos a través de los cuales un talante se manifiesta sin objetivos, sin beneficios, por efecto únicamente de una especie de prurito interior. El gesto así definido difiere en profundidad de la acción. La acción es deseada, en todo caso consciente; el gesto se escapa, es automático. En la acción, la que da es la persona en su integridad; en el gesto se expresa una parte aislada de la persona, a espaldas o por lo menos al margen de la personalidad total. Por último (y este es el aspecto esencial), la acción está en exacta proporción con el sentimiento que la inspira; hay un paso gradual de uno a otra, de manera que nuestra simpatía o nuestra aversión pueden deslizarse por el hilo que va del sentimiento al acto e interesarse de forma progresiva. Pero en el gesto hay algo explosivo que despierta nuestra sensibilidad dispuesta a dejarse acunar y que, al devolvernos así a nosotros mismos, nos impide tomarnos las cosas en serio. Así pues, en cuanto nuestra atención repare en el gesto y no en el acto, estaremos en la comedia. El personaje de Tartufo pertenecería al drama por sus acciones: lo encontramos cómico cuando tenemos más en cuenta sus gestos. Recordemos su entrada en escena: "Laurent, guardad mi cilicio junto a mi disciplina". Sabe que Dorina le oye, pero hablaría igual, puede usted estar seguro, si no le oyera. Se ha metido tan bien en su papel de hipócrita que lo representa, por decirlo así, con sinceridad. Por eso, y solo por eso, podrá llegar a ser cómico. Sin esa sinceridad material, sin las actitudes y el lenguaje que una larga práctica de la hipocresía ha convertido en él en gestos naturales, Tartufo sería sencillamente odioso, porque ya solo pensaríamos en lo que su conducta tiene de voluntario. Así se comprende que la acción sea esencial en el drama y accesoria en la comedia. En comedia sentimos que hubieran podido elegir otro tipo de situación para presentarnos al personaje: hubiera seguido siendo el mismo hombre, en una situación diferente. No tenemos esta impresión con un drama. En él personajes y situaciones van pegados o, mejor dicho, los acontecimientos son parte integrante de las personas, de forma que si el drama nos contase otra historia, por mucho que los actores conservasen los mismos nombres, ya estaríamos frente a otras personas.

En resumen, antes vimos que un carácter puede ser bueno o malo, poco importa: si es insociable, podrá ser cómico. Ahora vemos que la gravedad del caso tampoco importa: grave o leve, podrá hacernos reír si se las arreglan para que no nos emocionemos. *Insociabilidad* del personaje, *insensibilidad* del espectador, he aquí, en suma, las dos condiciones esenciales. Hay una tercera, implicada en las otras dos y a la que todos nuestros análisis tendían hasta ahora.

Es el automatismo. Lo hemos mostrado desde el principio de este trabajo y no hemos dejado de resaltarlo: solo es esencialmente risible aquello que es realizado automáticamente. En un defecto, incluso en una cualidad, la comicidad está en aquello que delata al personaje a su pesar, el gesto involuntario, la frase inconsciente. Toda distracción es cómica. Y cuanto más profunda es la distracción, más alta es la comedia. Una distracción sistemática como la de Don Quijote es lo más cómico en el mundo que podamos imaginar: es la comicidad misma, extraída lo más cerca posible de su fuente. Agarre cualquier otro personaje cómico. Por más consciente que pueda ser de lo que dice y hace, si es cómico es que hay un aspecto de su persona que ignora, algo en lo que escapa a sí mismo: solo nos hará reír por ese lado. Las palabras profundamente cómicas son las palabras cándidas en las que un vicio se muestra al desnudo: ¿acaso se exhibiría así si él mismo fuera capaz de verse y juzgarse? No es inusual que un personaje cómico condene una determinada conducta en términos generales para, acto seguido, servir de ejemplo: así el maestro de filosofía del señor Jourdain enfureciéndose después de sus sermones contra la ira, Vadius sacando versos de su bolsillo tras mofarse de los lectores de versos, etc. ¿Qué pueden buscar dichas contradicciones, si no es que percibamos la inconciencia de los personajes? Falta de atención a sí mismo y por consiguiente a los demás, esto es lo que encontramos siempre. Y si examinamos las cosas de cerca, veremos que la falta de atención aquí se confunde precisamente con lo que hemos llamado la insociabilidad. El motivo de rigidez por excelencia es que olvidamos mirar a nuestro alrededor y sobre todo en nuestro interior: ¿cómo amoldarnos a los demás si no empezamos por trabar conocimiento con ellos y también con nosotros mismos? Rigidez, automatismo, distracción, insociabilidad… Todo esto se mezcla y de todo esto está hecha la comicidad de carácter.

En resumen, si dejamos de lado, en la persona humana, lo que afecta a nuestra sensibilidad y consigue emocionarnos, el resto podrá ser cómico y la comicidad será directamente proporcional a la cantidad de rigidez que en ella se manifieste. Formulamos esta idea al comienzo de nuestro trabajo. La hemos comprobado en sus principales consecuencias. Acabamos de aplicarla a la definición de comedia. Ahora debemos ir aún más lejos y mostrar cómo nos permite marcar el lugar exacto que ocupa la comedia en mitad de las demás artes.

En cierto sentido, podríamos decir que todo *carácter* es cómico, a condición de entender por carácter lo que en nuestra persona está *preestablecido*, lo que en nosotros se encuentra en estado de mecanismo una vez montado, capaz de funcionar automáticamente. Será, dicho de otro modo, aquello que hace que nos repitamos. Y será también, por lo tanto, aquello que hace que otros nos puedan repetir. El personaje cómico es un *arquetipo*. A la inversa, el parecido con un arquetipo tiene un punto cómico. Podemos frecuentar mucho tiempo a una persona sin descubrir en ella nada risible: si aprovechamos una asociación accidental para aplicarle el famoso nombre de un héroe de drama y de novela, al menos por un instante nos parecerá que bordea el ridículo. Sin embargo ese personaje de novela puede no ser cómico. Pero es cómico parecerse a él. Es cómico dejarse distraer de sí mismo. Es cómico integrarse, por así decir, en un marco preparado. Y lo que es cómico por encima de todo es pasar uno mismo al estado de marco en el que otros se integrarán con facilidad, es decir convertirse en carácter.

Describir caracteres, o sea arquetipos generales, es pues el objeto de la alta comedia. Lo hemos dicho muchas veces. Pero queremos repetirlo porque estimamos que dicha fórmula basta para definir la comedia. En efecto, la comedia no solo nos presenta arquetipos generales sino que es, en nuestra opinión, *la única* de todas las artes que apunta a la generalidad, de manera que cuando una vez se le asignó tal objetivo, quedó dicho lo que es y lo que el resto no puede ser. Para demostrar que ésa es la esencia de la comedia y que en eso se opone a la tragedia, al drama, a las otras formas del arte, habría que empezar definiendo el arte en su faceta más elevada: luego, bajando poco a poco hacia la poesía cómica, veríamos que está ubicada en los confines del arte y de la vida y que se distingue, por su carácter de generalidad, del resto de las artes. No podemos emprender aquí un estudio tan amplio. Pero no nos queda más remedio que esbozar su esquema, so pena de descuidar lo que nosotros creemos que hay de esencial en el teatro cómico.

¿Cuál es el objeto del arte? Si la realidad viniese a llamar directamente a nuestros sentidos y nuestra conciencia, si pudiésemos entrar en comunicación inmediata con las cosas y con nosotros mismos, me parece claro que el arte sería inútil o, más bien, que todos seríamos artistas, pues nuestra alma vibraría entonces en continua sintonía con la naturaleza. Nuestros ojos, ayudados por nuestra memoria, recortarían en el espacio y fijarían en el tiempo cuadros inimitables. Nuestra mirada atraparía al vuelo, esculpidos en el mármol vivo del cuerpo humano, fragmentos de estatua tan hermosos como los de la estatuaria antigua. Oiríamos cantar en el fondo de nuestras almas, como una música a veces alegre, más a menudo quejumbrosa, siempre original, la melodía ininterrumpida de nuestra vida interior. Todo esto está a nuestro alrededor, todo esto está en nuestro interior, y sin embargo nada de todo esto es percibido por nosotros de forma nítida. Entre la naturaleza y nosotros, ¿qué digo?, entre nosotros y nuestra propia conciencia, un velo se interpone, velo espeso para la mayoría, velo ligero, casi transparente, para el artista y el poeta. ¿Qué hada tejió ese velo? ¿Lo hizo por malicia o por amistad? Había que vivir y la vida exige que aprehendamos las cosas en relación con nuestras necesidades. Vivir consiste en actuar. Vivir es no aceptar de los objetos más que la impresión *útil* para responder con reacciones apropiadas: las demás impresiones deben oscurecerse o llegarnos de forma confusa. Miro y creo ver, escucho y creo oír, me estudio y creo leer en el fondo de mi corazón. Pero lo que veo y oigo del mundo exterior es tan solo lo que mis sentidos extraen de él para alumbrar mi conducta; lo que conozco de mí mismo es lo que aflora a la superficie, lo que participa en la acción. Así pues, mis sentidos y mi conciencia solo me proporcionan de la realidad una simplificación práctica. En la visión que me dan de las cosas y de mí mismo, las diferencias inútiles para el hombre están borradas, los parecidos útiles para el hombre están acentuados, los caminos en que mi acción se internará están trazados de antemano. Dichos caminos son aquellos por los que la humanidad entera ha pasado antes que yo. Las cosas han sido clasificadas con vistas al partido que yo podré sacarles. Y esta clasificación es lo que yo percibo, mucho más que el color y la forma de las cosas. Sin duda el hombre es ya muy superior al animal en este aspecto. Es poco probable que el ojo del lobo establezca una diferencia entre el cabrito y el cordero; se trata, para el lobo, de dos presas idénticas, igual de fáciles, igual de ricas. Nosotros establecemos una diferencia entre la cabra y la oveja; ¿pero distinguimos una cabra de una cabra, una oveja de una oveja? La *individualidad* de las cosas y los seres se nos escapa todas las veces que no nos resulta materialmente útil percibirla. Y cuando la notamos (como al distinguir a un hombre de otro hombre), lo que nuestro ojo aprecia no es la individualidad misma, es decir una determinada armonía totalmente original de formas y colores, sino tan solo uno o dos rasgos que faciliten el reconocimiento práctico.

Resumiendo, no vemos las cosas mismas; nos limitamos, en general, a leer etiquetas pegadas encima. Esta tendencia, hija de la necesidad, se acentuó bajo la influencia del lenguaje. Y es que las palabras (con excepción de los nombres propios) designan géneros. La palabra, que solo registra de la cosa su función más común y su aspecto superficial, se introduce entre ella y nosotros, y nos ocultaría su forma si dicha forma no se escondiese ya tras las necesidades que han creado la palabra misma. Y no son solo los objetos exteriores, sino también nuestros propios estados de ánimo, los que no dejan que los atrapemos en lo que tienen de íntimo, de personal, de originalmente vivido. Cuando sentimos amor u odio, cuando nos encontramos alegres o tristes, ¿acaso es el propio sentimiento el que llega a nuestra conciencia con los mil matices fugitivos y las mil resonancias profundas que lo convierten en algo absolutamente nuestro? En ese caso seríamos todos novelistas, todos poetas, todos músicos. Pero la mayor parte del tiempo solo percibimos de nuestro estado de ánimo su despliegue exterior. Solo aprehendemos de nuestros sentimientos su aspecto impersonal, ese que el lenguaje ha podido registrar de una vez por todas porque en líneas generales es el mismo, en las mismas condiciones, para todos los hombres. Así, hasta en nuestro propio individuo, la individualidad se nos escapa. Nos movemos por entre generalidades y símbolos, como en un cercado donde nuestra fuerza se mide de modo útil con otras fuerzas; y fascinados por la acción, atraídos, para nuestro bien, hacia el terreno que ella ha elegido, vivimos en una zona intermedia entre las cosas y nosotros, exteriores a las cosas, exteriores también a nosotros mismos. Pero de tarde en tarde, por distracción, la naturaleza concibe almas más desapegadas de la vida. No hablo de ese desapego buscado, razonado, sistemático, fruto de reflexión y filosofía. Hablo de un desapego natural, innato a la estructura del sentido o de la conciencia, y que se manifiesta enseguida en una manera virginal, en cierto modo, de ver, oír o pensar. Si ese desapego fuera completo, si el alma ya no se vinculase con la acción por ninguna de sus percepciones, sería el alma de un artista como no ha habido otro antes en el mundo. Descollaría en todas las artes a la vez, o más bien las fundiría todas en una. Percibiría todas las cosas en su pureza original, tanto las formas, los colores y los sonidos del mundo material como los más sutiles movimientos de la vida interior. Pero es pedirle demasiado a la naturaleza. Incluso a aquellos de nosotros a los que ha hecho artistas, solo por accidente, y solo por un lado, les ha descorrido el velo. En una única dirección se ha olvidado de sujetar la percepción a la necesidad. Y como cada dirección corresponde a eso que llamamos un *sentido*, a través de uno de sus sentidos, y solo de ése, está de ordinario el artista entregado al arte. De ahí procede la diversidad de las artes. Y también la especialidad de las predisposiciones. Uno se aficionará a los colores y las formas y, como ama el color por el color y la forma por la forma, como los percibe por lo que son ellos y no por lo que es él, distinguirá la vida interior de las cosas detrás de sus formas y sus colores. La hará entrar poco a poco en nuestra percepción primero desconcertada. Al menos por un momento, nos desligará de los prejuicios de forma y color que se interponían entre nuestro ojo y la realidad. Y así cumplirá con la más alta ambición del arte, que es aquí la de revelarnos la naturaleza. Otros se replegarán en sí mismos. Bajo las mil acciones incipientes que hacen el dibujo exterior de un sentimiento, tras la frase trivial y social que expresa y encubre un estado de ánimo individual, irán a buscar el sentimiento, el estado de ánimo simple y puro. Y a fin de impulsarnos a hacer el mismo esfuerzo, se las ingeniarán para que veamos algo de lo que hayan visto ellos: mediante ritmadas disposiciones de palabras, que así logran organizarse juntas y dotarse de una vida original, nos dicen, o más bien nos sugieren, cosas que el lenguaje no estaba hecho para expresar. Otros ahondarán todavía más. Bajo esas alegrías y tristezas que pueden, en última instancia, traducirse en palabras, aprehenderán algo que ya no tiene nada que ver con la palabra, ciertos ritmos de vida y respiración que son más interiores al hombre que sus sentimientos más interiores, pues son la ley viva, variable con cada persona, de su depresión y su exaltación, de sus lamentos y sus esperanzas. Al aislar, al acentuar dicha música, la impondrán a nuestra atención; harán que, sin quererlo, nosotros mismos nos integremos en ella, como transeúntes que entran a un baile. Y así nos llevarán a quebrantar también, muy en el fondo de nuestro ser, algo que estaba esperando el momento de vibrar. De forma que, ya sea pintura, escultura, poesía o música, el arte no tiene más objeto que apartar los símbolos pragmáticamente útiles, las generalidades convencional y socialmente aceptadas, o sea todo aquello que nos oculta la realidad, para colocarnos frente a la realidad misma. De un malentendido sobre este punto nació el debate entre realismo e idealismo en arte. Seguramente el arte no es más que una visión más directa de la realidad. Pero dicha pureza perceptiva implica una ruptura con la convención útil, un desinterés innato y especialmente localizado del sentido o la conciencia, en definitiva una cierta inmaterialidad de vida, que es lo que siempre se ha llamado idealismo. Así pues, podríamos decir, sin jugar en absoluto con el sentido de las palabras, que hay realismo en la obra cuando hay idealismo en el alma, y que solo a fuerza de idealidad retoma uno contacto con la realidad.

El arte dramático no es una excepción a esta ley. Lo que el drama va a buscar y trae a la luz es una realidad profunda que nos han velado, a menudo por nuestro propio interés, las necesidades de la vida. ¿De qué realidad se trata? ¿De qué necesidades? Toda poesía expresa estados de ánimo. Pero entre dichos estados, los hay que nacen sobre todo del contacto del hombre con sus semejantes. Son los sentimientos más intensos y también los más violentos. Igual que las electricidades se atraen y se acumulan entre las dos placas del condensador del que haremos saltar la chispa, así, por el solo hecho de encontrarse los hombres en presencia unos de otros, se producen atracciones y repulsiones profundas, completas rupturas de equilibrio, esa electrización del alma, en definitiva, que es la pasión. Si el hombre se dejase llevar por el movimiento de su naturaleza sensible, si no hubiera ni ley social ni ley moral, esas explosiones de sentimientos violentos serían lo normal en la vida. Pero es útil que dichas explosiones sean conjuradas. Es necesario que el hombre viva en sociedad y se someta por lo tanto a una regla. Y lo que el interés aconseja, la razón lo ordena: hay un deber y nuestro objetivo es cumplirlo. Bajo esta doble influencia ha debido formarse en el género humano una capa superficial de sentimientos e ideas que tienden a la inmutabilidad, que al menos quisieran ser comunes a todos los hombres y que tapan, cuando no tienen fuerza para sofocarlo, el fuego interior de las pasiones individuales. El lento progreso de la humanidad hacia una vida social cada vez más pacificada ha ido consolidando poco a poco dicha capa, igual que la propia vida de nuestro planeta ha supuesto un largo esfuerzo por recubrir con una sólida y fría película la masa ígnea de los metales en ebullición. Pero hay erupciones volcánicas. Y si la tierra fuera un ser vivo, como pretendía la mitología, tal vez le gustaría, sin dejar de descansar, soñar con esas bruscas explosiones en las que de repente recupera lo más profundo que hay en ella. Es un placer de este tipo lo que nos proporciona el drama. Bajo la vida tranquila, burguesa, que la sociedad y la razón nos han confeccionado, el drama va a remover en nosotros algo que por fortuna no estalla, pero cuya tensión interior nos hace sentir. Permite que la naturaleza se vengue de la sociedad. En ocasiones irá directo al grano; hará subir, del fondo a la superficie, las pasiones que lo hacen saltar todo. En ocasiones se desviará, como hace a menudo el drama contemporáneo; nos revelará, con habilidad a veces sofística, las contradicciones de la sociedad consigo misma; exagerará lo que puede haber de artificial en la ley social; y así, de forma indirecta, disolviendo esta vez el envoltorio, nos hará tocar fondo de nuevo. Pero en ambos casos, ya sea debilitando la sociedad ya sea reforzando la naturaleza, persigue el mismo objetivo, que es descubrirnos una parte oculta de nosotros mismos, eso que podríamos llamar el elemento trágico de nuestra personalidad. Tenemos esta impresión al salir de un buen drama. Lo que nos ha interesado es menos lo que nos han contado de otros que lo que nos han dejado entrever de nosotros, todo un confuso mundo de vaguedades que habrían querido ser y que, por suerte para nosotros, no han sido. También es como si hubieran lanzado en nosotros un llamamiento a atávicos recuerdos infinitamente antiguos, tan profundos, tan ajenos a nuestra vida actual, que dicha vida nos parece durante unos instantes algo irreal o convencional que va a requerir un nuevo aprendizaje por nuestra parte. Es, pues, una realidad más profunda lo que el drama ha ido a buscar por debajo de adquisiciones más útiles, y este arte tiene el mismo objeto que los demás.

De ahí se deriva que el arte apunta siempre a lo *individual*. Lo que el pintor fija en la tela es lo que él ha visto en un lugar determinado, un día determinado, a una hora determinada, con unos colores que no volveremos a ver. Lo que el poeta canta es un estado de ánimo que fue suyo, y suyo solo, y que no será nunca más. Lo que el dramaturgo pone ante nuestros ojos es el desarrollo de un alma, es un trance vivo de sentimientos y acontecimientos, algo que se ha presentado una vez y que nunca jamás se reproducirá. Por mucho que demos a esos sentimientos nombres generales, en otra alma ya no serán lo mismo. Están *individualizados*. En este sentido sobre todo pertenecen al arte, ya que las generalidades, los símbolos, los arquetipos incluso, si usted prefiere, son la moneda corriente de nuestra percepción diaria. ¿De dónde viene entonces el malentendido sobre este punto?

El motivo es que se han confundido dos cosas muy distintas: la generalidad de los objetos y la de nuestras opiniones sobre ellos. Que un sentimiento sea reconocido generalmente como cierto no significa que sea un sentimiento general. Nada más singular que el personaje de Hamlet. Si en ciertos aspectos se parece a otros hombres, no es eso lo que más nos interesa de él. Pero es universalmente aceptado, universalmente tenido por vivo. Solo en este sentido, Hamlet es de una verdad universal. Lo mismo ocurre con los demás productos del arte. Cada uno de ellos es singular, pero terminará, si lleva la marca del genio, siendo aceptado por todo el mundo. ¿Por qué lo aceptamos? Y si es único en su especie, ¿en qué reconocemos que es verdadero? Lo reconocemos, creo yo, en el esfuerzo mismo que nos impulsa a hacer para ver con sinceridad nosotros también. La sinceridad es comunicativa. Lo que el artista ha visto no lo volveremos a ver, sin duda, al menos no exactamente igual; pero si ha visto de veras, el esfuerzo que ha hecho para apartar el velo nos incita a imitarlo. Su obra es un ejemplo que nos sirve de lección. Y la eficacia de la lección nos da la medida exacta de la verdad de la obra. Así pues, hay en la verdad un poder de convicción, de conversión incluso, que es la marca que nos permite reconocerla. Cuanto más grande sea la obra y más profunda la verdad vislumbrada, más podrá hacerse esperar un efecto que, en cambio, tenderá más a hacerse universal. De modo que la universalidad está aquí en el efecto producido y no en la causa.

Muy distinto es el objeto de la comedia. Aquí la generalidad está en la obra misma. La comedia describe caracteres con los que nos hemos cruzado, con los que volveremos a cruzarnos en nuestro camino. La comedia señala semejanzas. Busca mostrarnos arquetipos. Incluso creará, si es menester, arquetipos nuevos. En ese sentido se diferencia de las demás artes.

El título mismo de las grandes comedias ya resulta significativo. El misántropo, El avaro, El jugador, El distraído, etc., son nombres de tipos; y cuando la comedia de carácter lleva por título un nombre propio, dicho nombre propio enseguida se ve arrastrado, debido al peso de su contenido, por la corriente de los nombres comunes. Decimos "un Tartufo", pero no diríamos "una Fedra" o "un Polieucto".

Sobre todo, a un poeta trágico es difícil que se le ocurra agrupar alrededor de su personaje principal a una serie de personajes secundarios que sean, por así decir, su copia simplificada. El héroe de tragedia es una individualidad única en su especie. Podremos imitarlo, pero entonces pasaremos, consciente o inconscientemente, de la tragedia a la comedia. Nadie se le parece, porque él no se parece a nadie. En cambio, un notable instinto lleva al poeta cómico, una vez que ha creado a su personaje central, a hacer que graviten en torno suyo otros personajes dotados de los mismos rasgos generales. Muchas comedias llevan por título un nombre en plural o un término colectivo: "*Las* mujeres sabias", "*Las* preciosas ridículas", "*Le Monde* où l'on s'ennuie"[8], etc. En todas ellas se dan cita en el escenario diversas personas que reproducen un mismo arquetipo fundamental. Sería interesante analizar esta tendencia de la comedia. Tal vez lo primero que encontrásemos fuera el presentimiento de un hecho señalado por los médicos, a saber, que los desequilibrados de una misma especie son impelidos por una secreta atracción a buscarse unos a otros. Aunque no sea competencia de la medicina, el personaje cómico suele ser, como hemos mostrado, un *distraído*, y de tal distracción a una ruptura completa del equilibrio ni se apreciaría el paso. Pero hay otro motivo más. Si el objetivo del poeta cómico es presentarnos arquetipos, es decir caracteres capaces de repetirse, ¿qué mejor manera de hacerlo que mostrarnos, del mismo arquetipo, varios ejemplares diferentes? El naturalista no procede de otra manera cuando se ocupa de una especie. Enumera y describe sus principales variedades.

Esta diferencia esencial entre tragedia y comedia, una consagrada a los individuos y la otra a las especies, se traduce de otra manera más. Aparece en la

---

8. Obra de teatro del dramaturgo francés Édouard Pailleron (1834-1899) que podría traducirse como *El mundo aburrido*. [N. del T.]

elaboración primera de la obra. Se pone de manifiesto, desde el principio, en dos métodos de observación bien distintos.

Por paradójico que este aserto pueda parecer, no creemos que la observación de los demás hombres sea necesaria en el poeta trágico. De hecho nos parece, para empezar, que hay grandísimos poetas que han llevado una vida muy retirada, muy burguesa, sin la menor ocasión de contemplar a su alrededor el desbordamiento de las pasiones que con tanta fidelidad han descrito. Pero suponiendo que hubieran asistido al espectáculo, nos preguntamos si les habría servido de algo. En efecto, lo que nos interesa en la obra del poeta es la visión de determinados temperamentos muy profundos o de determinados conflictos muy interiores. Ahora bien, esta visión no puede realizarse desde fuera. Las almas no pueden penetrarse unas a otras. Exteriormente solo percibimos algunos signos de la pasión. Solo los interpretamos –de forma defectuosa, todo sea dicho– por analogía con lo que nosotros mismos hemos sentido. Lo que nosotros sentimos es, pues, lo esencial, y solo podemos conocer a fondo nuestro propio corazón –si es que llegamos a conocerlo–. ¿Significa esto que el poeta ha sentido lo que describe, que ha pasado por las situaciones de sus personajes y vivido su vida interior? También en este caso la biografía de los poetas supondría un claro mentís. ¿Cómo es posible imaginar que el mismo hombre haya sido Macbeth, Otelo, Hamlet, el rey Lear y tantos más? Pero quizá hubiera que distinguir aquí entre la personalidad que *tenemos* y las que *hubiéramos podido* tener. Nuestro carácter es el efecto de una elección que se renueva sin cesar. Hay puntos de bifurcación (al menos aparentes) a lo largo de todo nuestro camino y percibimos muchas direcciones posibles, aunque solo podamos seguir una de ellas. Volver atrás, seguir hasta el final las direcciones vislumbradas, en esto parece consistir precisamente la imaginación poética. Acepto que Shakespeare no fue ni Macbeth ni Hamlet ni Otelo; pero *hubiera sido* esos personajes diversos si las circunstancias, por un lado, y el consentimiento de su voluntad, por otro, hubieran conducido al estado de erupción violenta lo que no fue en él más que arrebato interior. Es un curioso error creer que la imaginación poética compone sus héroes con fragmentos tomados aquí y allá a su alrededor, como quien cose un traje de Arlequín. Nada vivo saldría de ahí. La vida no se recompone. Tan solo se deja observar. La imaginación poética solo puede ser una visión más completa de la realidad. Si los personajes que crea el poeta nos parecen vivos es porque son el propio poeta, el poeta multiplicado, el poeta ahondando en sí mismo en un esfuerzo de observación interior tan poderoso que atrapa lo virtual en lo real y retoma, para hacer una obra completa, lo que la naturaleza dejó en él en estado de esbozo o simple proyecto.

Muy distinto es el tipo de observación del que nace la comedia. Es una observación exterior. Por mucha curiosidad que el poeta cómico pueda sentir por las ridiculeces de la naturaleza humana, no irá, me parece, hasta buscar las suyas propias. Además no las encontraría: solo somos risibles por esa faceta de nuestra persona que se escapa a nuestra conciencia. Así que tal observación se ejercerá sobre los otros hombres. Pero justo por eso la observación adoptará un carácter de generalidad que no puede tener cuando la concentramos en nosotros mismos. Y es que, al instalarse en la superficie, se detendrá en la fachada de las personas, esa parte que permite que varias de ellas se toquen y se parezcan. No irá más allá. Y aunque pudiese no querría, porque no ganaría nada con ello. Adentrarse demasiado en la personalidad, relacionar el efecto exterior con motivos demasiado íntimos, sería comprometer y en última instancia sacrificar lo que el efecto tenía de risible. Para que tengamos ganas de reír, el motivo debemos localizarlo en una zona media del alma. Por consiguiente, el efecto debe sernos presentado a lo sumo como un efecto medio, expresión de un promedio de humanidad. Y como todos los promedios, este se obtiene con asociaciones de datos dispersos, con una comparación entre casos análogos de los cuales se extrae la quintaesencia, o sea con un trabajo de abstracción y generalización parecido al que el físico opera con los hechos para deducir las leyes que los rigen. Resumiendo, el método y el objeto son de la misma naturaleza aquí que en las ciencias de inducción, en el sentido de que la observación es exterior y el resultado generalizable.

Volvemos así, mediante un largo rodeo, a la doble conclusión que se ha ido desprendiendo en el transcurso de nuestro estudio. Por un lado una persona solo puede ser ridícula por una disposición que parece una distracción, por algo que vive encima de ella sin organizarse con ella, a la manera de un parásito: por eso esta disposición se observa desde fuera y puede corregirse. Pero por otro lado, teniendo en cuenta que el objeto de la risa es una corrección, resulta útil que dicha corrección alcance de una sola vez al mayor número posible de personas. Por eso la observación cómica va por instinto a lo general. Elige, entre las singularidades, aquellas que pueden reproducirse y que, por lo tanto, no están indisolublemente ligadas a la individualidad de la persona; son singularidades comunes, podríamos decir. Al trasladarlas al escenario, dicha observación crea obras que pertenecerán sin duda al arte en el sentido de que conscientemente solo pretenderán gustar, pero que se distinguirán de las demás obras de arte por su carácter de generalidad, así como por la intención inconsciente de corregir e instruir. Teníamos pues razón al decir que la comedia está a medio camino entre el arte y la vida. No es desinteresada como el arte puro. Al organizar la risa, acepta la vida social como un medio natural; incluso sigue uno de los impulsos de la vida social. Y en este aspecto le da la espalda al arte, que es una ruptura con la sociedad y un regreso a la simple naturaleza.

II

Veamos ahora, partiendo de lo anterior, cómo se deberá hacer para crear una disposición de carácter idealmente cómica, cómica en sí misma, cómica en sus orígenes, cómica en todas sus manifestaciones. Tendrá que ser profunda, para proporcionarle a la comedia un sustento duradero, sin dejar de ser superficial, para no salirse del tono de comedia, invisible para el que la posee puesto que la comicidad es inconsciente, visible para el resto del mundo con el fin de que provoque una risa universal, llena de indulgencia consigo misma de manera que se exhiba sin escrúpulos, incómoda para los demás de modo que la repriman sin piedad, corregible de inmediato, para que no haya resultado inútil reír de ella, convencida de renacer con facetas nuevas, para que la risa tenga siempre trabajo, inseparable de la vida social pero insoportable para la sociedad, capaz, por último, de adoptar la mayor variedad de formas imaginable, de unirse a todos los vicios e incluso a algunas virtudes. Estos son los elementos que hay que combinar. El químico del alma al que le hubiesen encomendado esta delicada pócima se llevaría una ligera decepción, es cierto, llegado el momento de vaciar la retorta. Le parecería que se ha tomado muchas molestias para recomponer una mezcla que se consigue ya hecha y sin gastos, tan extendida en la humanidad como el aire en la naturaleza.

Esta mezcla es la vanidad. No creo que haya defecto más superficial ni más profundo. Las heridas que se le ocasionan nunca son muy graves y aun así no quieren curarse. Los favores que se le hacen son los más ficticios de todos los favores; sin embargo, son los que dejan tras de sí un reconocimiento duradero. Ella misma apenas es un vicio y sin embargo todos los vicios gravitan a su alrededor y tienden, refinándose, a no ser más que medios para satisfacerla. Hija de la vida social, puesto que es una admiración de sí mismo fundada en la admiración que uno cree inspirar en los demás, es aún más natural, más universalmente innata que el egoísmo, ya que sobre el egoísmo la naturaleza suele triunfar, mientras que a la vanidad solo la vencemos por medio de la reflexión. En efecto, no creo que nazcamos modestos, a menos que también se quiera llamar modestia a una determinada timidez puramente física y, de hecho, más cercana al orgullo de lo que se piensa. La verdadera modestia solo puede ser una meditación sobre la vanidad. Nace del espectáculo de las ilusiones de los demás y del temor a extraviarse uno mismo. Es como una circunspección científica respecto a lo que uno dirá y pensará de sí mismo. Está hecha de correcciones y retoques. Es una virtud adquirida, en definitiva.

Resulta difícil decir en qué momento preciso el afán por volverse modesto se separa del temor a volverse ridículo. Pero este temor y este afán se confunden sin duda al principio. Un estudio completo de las ilusiones de la vanidad, y del ridículo que va aparejado, arrojaría una luz singular sobre la teoría de la risa. Veríamos a la risa cumplir con regularidad una de sus funciones principales, que es la de devolver la plena conciencia de sí mismo a todo amor propio distraído y conseguir así la mayor sociabilidad posible de los caracteres. Veríamos cómo la vanidad, que es un producto natural de la vida social, incomoda sin embargo a la sociedad, igual que algunos venenos suaves que secreta sin descanso nuestro organismo la intoxicarían a la larga si otras secreciones no neutralizasen su efecto. La risa realiza todo el tiempo un trabajo de este tipo. En este sentido, podríamos decir que el remedio específico contra la vanidad es la risa y que el defecto esencialmente risible es la vanidad.

Al ocuparnos de la comicidad de las formas y el movimiento, hemos mostrado cómo tal o cual imagen simple, risible por sí misma, puede introducirse en otras imágenes más complejas e infundirles algo de su vis cómica: así, las formas más elevadas de la comicidad se explican a veces por las más bajas. Pero la operación inversa se produce quizá con mayor frecuencia todavía, y hay efectos cómicos muy burdos que se deben al descenso de una comicidad muy sutil. Así la vanidad, esa forma superior de la comicidad, es un elemento que nos vemos impulsados a buscar con minuciosidad, si bien de manera inconsciente, en todas las manifestaciones de la actividad humana. La buscamos, aunque solo sea para reír. Y nuestra imaginación suele colocarla ahí donde no tiene nada que hacer. Tal vez habría que situar aquí el origen de la burda comicidad de determinados efectos que los psicólogos han explicado de modo insuficiente a partir del contraste: un hombre bajito que se agacha para pasar por debajo de una puerta alta; dos personas, una muy alta, otra minúscula, que caminan con seriedad colgadas del brazo, etc. Observando de cerca esta última imagen, me parece que uno tiene la impresión de que la más baja de las dos personas hace un esfuerzo para *alzarse* hacia la más alta, como la rana que quiere ser tan grande como el buey.

III

En ningún caso enumeraríamos aquí las particularidades del carácter que se unen a la vanidad, o que compiten con ella, para atraer la atención del poeta cómico. Hemos mostrado que todos los defectos pueden volverse risibles e incluso, en última instancia, algunas cualidades. Aun cuando pudiese establecerse la lista de las ridiculeces conocidas, la comedia se encargaría de alargarla, sin duda no a base de crear ridiculeces de pura fantasía, sino sacando a la luz *direcciones* cómicas que hasta entonces habían pasado desapercibidas: así es como la imaginación puede extraer del complicado dibujo de un único y mismo tapiz figuras siempre nuevas. La condición esencial, lo sabemos, es que la particularidad observada se revele enseguida como una especie de *marco* en el que muchas personas puedan integrarse.

Pero hay marcos preestablecidos, constituidos por la propia sociedad, que le son necesarios puesto que la sociedad está basada en una división del trabajo. Me refiero a los oficios, funciones y profesiones. Toda profesión especial da a quienes se encierran en ella unos hábitos mentales y unas particularidades de carácter que les hacen parecerse entre sí y también distinguirse de los demás. Así se constituyen pequeñas sociedades en el seno de la grande. Sin duda son el resultado de la organización misma de la sociedad en general. Y sin embargo correrían el riesgo, si se aislasen demasiado, de ser nocivas para la sociabilidad. Pero precisamente la risa tiene por función reprimir las tendencias separatistas. Su tarea consiste en flexibilizar la rigidez, readaptar cada individuo a la totalidad, limar las aristas. Así pues, tendremos aquí una especie de comicidad cuyas variedades podrían estar determinadas por adelantado. La llamaremos, si le parece, la *comicidad profesional*.

No entraremos en los pormenores de dichas variedades. Preferimos insistir en lo que tienen en común. En primera línea figura la vanidad profesional. Cada uno de los maestros del señor Jourdain pone su arte por encima de todos los demás. Hay un personaje de Labiche que no entiende que se pueda ser otra cosa que maderero. Como es natural, él es maderero. De hecho, la vanidad tenderá aquí a volverse *solemnidad* a medida que la profesión ejercida vaya encerrando una mayor dosis de charlatanismo. Y es que hay un hecho notable: cuanto más discutible es un arte, más propensión tienen los que lo practican a creerse investidos de un sacerdocio y a exigir que los demás se inclinen ante sus misterios. Resulta manifiesto que las profesiones útiles están hechas para el público; pero las de una utilidad más dudosa solo pueden justificar su existencia suponiendo que el público está hecho para ellas: es esta ilusión lo que hay en el fondo de la solemnidad. La comicidad de los médicos de Molière proviene en gran parte de ahí. Tratan al enfermo como si hubiera sido creado para el médico, y a la mismísima naturaleza como una dependencia de la medicina.

Otra forma de esta rigidez cómica es lo que llamaré el *endurecimiento profesional*. El personaje cómico se integrará tan estrechamente en el rígido marco de su función que ya no le quedará espacio para moverse, y mucho menos para conmoverse, como los demás hombres. Recordemos la frase del juez Perrin Dandin a Isabelle, cuando esta le pregunta cómo puede uno ver torturar a un pobre desgraciado[9]:

¡Bah! Así se mata el tiempo una hora o dos.

Acaso no es una especie de endurecimiento profesional lo de Tartufo, si bien es cierto que se expresa por boca de Orgón:

Y podría ver morir hermano, hijos, madre y esposa
Sin sufrir por ello en absoluto

Pero la forma más usual de hacer cómica una profesión consiste en recluirla, por así decir, dentro del lenguaje que le es propio. El juez, el médico y el

---

9. El autor hace referencia a la obra de teatro *Los litigantes* de Racine. [N. del T.].

soldado aplicarán a las cosas cotidianas la lengua del derecho, la estrategia o la medicina, como si se hubieran vuelto incapaces de hablar como todo el mundo. De ordinario, la comicidad de este tipo es bastante burda. Pero se vuelve más delicada, como decíamos, cuando desvela una particularidad de carácter al mismo tiempo que un hábito profesional. Pensemos en el jugador de Régnard expresándose con tanta originalidad en términos de juego, haciendo que su criado adopte el nombre de Héctor, en espera de llamar a su prometida Palas, por el conocido nombre de la Reina de Picas o en *Las mujeres sabias*, cuya comicidad consiste, en buena parte, en que transponen las ideas de orden científico a términos de sensibilidad femenina: "Epicuro *me gusta…*", "*Amo* los torbellinos", etc. Relea el tercer acto y verá que Armanda, Filaminta y Belisa suelen expresarse en ese estilo.

Yendo más lejos en la misma dirección, observaríamos que hay también una lógica profesional, o sea unas maneras de razonar que se aprenden en ciertos ambientes y que son ciertas para el ambiente y falsas para el resto del mundo. Pero el contraste entre estas dos lógicas, una particular y otra universal, engendra efectos cómicos de naturaleza especial, de los que no será inútil ocuparse con más detenimiento. Aquí tocamos un punto importante de la teoría de la risa. De hecho vamos a ampliar la cuestión y a considerarla en toda su generalidad.

IV

Y es que estábamos tan preocupados por extraer la causa profunda de la comicidad que hemos tenido que dejar de lado hasta ahora una de sus manifestaciones más notorias. Nos referimos a la lógica propia del personaje cómico y el grupo cómico, lógica extraña que puede, en algunos casos, dejar mucho espacio al absurdo.

Según Théophile Gautier, la comicidad extravagante es la lógica del absurdo. Varias filosofías de la risa gravitan en torno a una idea análoga. Todo efecto cómico implicaría contradicción por algún lado. Lo que nos hace reír sería el absurdo realizado bajo una forma concreta, un "absurdo visible", o incluso una apariencia de absurdo, admitida primero y luego corregida, o mejor aún algo que es absurdo por un lado y naturalmente explicable por otro, etc. Todas esas teorías encierran sin duda una parte de verdad; pero para empezar, solo se aplican a algunos efectos cómicos bastante burdos, y encima, incluso en los casos en los que se aplican, parecen obviar el elemento característico de lo risible, es decir el *tipo realmente particular* de absurdo que la comicidad contiene cuando contiene absurdo. Quien quiera convencerse de ello no tiene más que elegir una de esas definiciones y confeccionar efectos según la fórmula: lo más normal es que no consiga un efecto risible. El absurdo, cuando se encuentra en el interior de la comicidad, no es un absurdo cualquiera. Es un absurdo determinado. No crea la comicidad, más bien derivaría de ella. No es causa sino efecto, un efecto muy especial en el que se refleja la especial naturaleza de la causa que lo produce. Conocemos dicha causa. No nos costará trabajo, ahora, comprender el efecto.

Imaginemos que un día, paseando por el campo, avista usted en la cima de una colina algo que se parece vagamente a un enorme cuerpo inmóvil de brazos giratorios. Aún no sabe lo que es, pero busca entre sus *ideas*, es decir en este caso entre los recuerdos de los que dispone su memoria, el recuerdo que mejor se enmarque en eso que está avistando. Casi de inmediato, le vuelve a la mente la imagen de un molino de viento: es un molino de viento lo que tiene usted delante. Poco importa que antes de salir haya leído cuentos de hadas con historias de gigantes de interminables brazos. La sensatez consiste en saber recordar, estoy de acuerdo, pero también y sobre todo en saber olvidar. La sensatez es el esfuerzo de una mente que se adapta y se readapta sin cesar, cambiando de idea cuando cambia de objeto. Es una movilidad de la inteligencia que se ajusta con exactitud a la movilidad de las cosas. Es la movediza continuidad de nuestra atención a la vida.

Ahora tenemos a Don Quijote yendo a la guerra. Ha leído en sus novelas que el caballero se topa con gigantes enemigos en su camino. Así pues, necesita un gigante. La idea de gigante es un recuerdo privilegiado que se ha instalado en su mente, que está siempre al acecho, aguardando, inmóvil, la ocasión de precipitarse fuera y encarnarse en una cosa. Este recuerdo *quiere* materializarse, y a partir de ahí el primer objeto que se presente, aunque no guarde con la forma de un gigante sino un lejano parecido, recibirá de él la forma de un gigante. De modo que don Quijote verá gigantes donde nosotros vemos molinos de viento. Esto es cómico y es absurdo. ¿Pero es un absurdo cualquiera?

Es una inversión muy especial del sentido común. Consiste en pretender amoldar las cosas a una idea que tenemos, y no nuestras ideas a las cosas. Consiste en ver delante de nosotros aquello en lo que pensamos, en lugar de pensar en lo que vemos. La sensatez estriba en tener todos nuestros recuerdos en fila; el recuerdo apropiado responderá entonces cada vez a la llamada de la situación presente y solo servirá para interpretarla. En don Quijote, por el contrario, hay un grupo de recuerdos que controla a los demás y domina al personaje mismo: esta vez, es la realidad la que deberá ceder ante la imaginación y servir solo para darle un cuerpo. De hecho, una vez formada la ilusión, don Quijote la desarrolla razonablemente hasta sus últimas consecuencias; se mueve en ella con la seguridad y la precisión del sonámbulo que actúa en su sueño. Tal es el origen del error y tal es la lógica especial que gobierna aquí el absurdo. Ahora bien, ¿esta lógica es exclusiva de don Quijote?

Hemos mostrado que el personaje cómico peca de obstinación de mente o de carácter, de distracción, de automatismo. Hay en el fondo de la comicidad una rigidez de un tipo determinado que hace que uno siga su camino sin escuchar ni querer oír nada. Cuántas escenas cómicas, en *el* teatro de Molière, *se* reducen a este sencillo esquema: un *personaje que sigue su idea* y siempre vuelve a ella a pesar de que no dejan de interrumpirlo. De hecho, de forma apenas perceptible se pasaría del que no quiere oír nada al que no quiere ver nada y, por último, al que ya solo ve lo que quiere. La mente que se obstina terminará sometiendo las cosas a su idea, en lugar de ajustar su pensamiento a las cosas. Todo personaje cómico se encuentra, pues, en la vía de la ilusión que acabamos de describir, y don Quijote nos proporciona el arquetipo general del absurdo cómico.

¿Tiene un nombre esta inversión del sentido común? La encontramos, sin duda, aguda o crónica, en algunas formas de la locura. En muchos aspectos se parece a la idea fija. Pero ni la locura en general ni la idea fija nos harán reír, ya que se trata de enfermedades. Excitan nuestra piedad. La risa, lo sabemos, es incompatible con la emoción. Si hay una locura risible, solo puede ser una locura conciliable con la salud general de la mente, una locura normal, podríamos decir. Ahora bien, hay un estado normal de la mente que imita punto por punto a la locura y en el que encontramos las mismas asociaciones de ideas que en la enajenación, la misma lógica singular que en la idea fija. Es el estado de sueño. Así pues, o nuestro análisis es inexacto o puede ser formulado con el teorema siguiente: *El absurdo cómico es de la misma naturaleza que el de los sueños.*

Para empezar, el funcionamiento de la inteligencia en el sueño es efectivamente el que describíamos antes. La mente, enamorada de sí misma, ya no busca en el mundo exterior más que un pretexto para materializar sus imaginaciones. Aún llegan sonidos confusos al oído, aún circulan colores por el campo de visión: en resumen, los sentidos no están completamente cerrados. Pero el soñador, en lugar de apelar a todos sus recuerdos para interpretar lo que perciben sus sentidos, lo que hace es servirse de lo que percibe para dar un cuerpo al recuerdo preferido: el mismo ruido de viento soplando en la chimenea pasará entonces a ser, según el ánimo del soñador, según la idea que ocupe su imaginación, aullido de bestias salvajes o canto melodioso. Tal es el mecanismo ordinario de la ilusión del sueño.

Pero si la ilusión cómica es una ilusión de ensueño, si la lógica de la comicidad es la lógica de los sueños, se comprende que esperemos encontrar en la lógica de lo risible las diversas particularidades de la lógica del sueño. Aquí se va a volver a demostrar la veracidad de la ley que conocemos bien: una vez dada una forma de lo risible, otras formas con distinto fondo cómico se vuelven risibles por su parecido exterior con la primera. Resulta fácil ver, en efecto, que todo juego *de ideas* podrá divertirnos siempre que nos recuerde, mucho o poco, los juegos del sueño.

Señalemos en primer lugar una determinada relajación general de las reglas del razonamiento. Los razonamientos de los que reímos son esos que sabemos falsos pero que podríamos considerar ciertos si los oyésemos en sueños. Alteran el razonamiento cierto lo justo para engañar a una mente que se duerme. Sigue tratándose de lógica, de algún modo, pero de una lógica que carece de tono y nos permite descansar, por eso mismo, del trabajo intelectual. Muchas "agudezas del ingenio" son razonamientos de este tipo, razonamientos abreviados de los que solo nos dan el punto de partida y la conclusión. De hecho, estos juegos de ingenio evolucionan hacia el juego de palabras conforme las relaciones establecidas entre las ideas se van haciendo más superficiales: poco a poco terminamos por no tener en cuenta el sentido de las palabras oídas, sino únicamente el sonido. ¿No habría que equiparar así al sueño algunas escenas muy cómicas en las que un personaje repite sistemáticamente en sentido contrario las frases que otro le apunta al oído? Si usted se queda dormido entre gentes que hablan, en ocasiones le parecerá que esas palabras se van vaciando de sentido poco a poco, que los sonidos se deforman y se fusionan juntos al azar para adoptar en su mente significados extraños, y que usted reproduce así, respecto a la persona que habla, la escena de Petit-Jean y el Apuntador[10].

Hay otras obsesiones cómicas muy cercanas, según parece, a las obsesiones del sueño. ¿Quién no ha visto como la misma imagen aparece en varios sueños sucesivos adoptando en cada uno de ellos un significado plausible, pese a que dichos sueños no tienen ningún otro punto en común? Los efectos de repetición presentan a veces esta forma especial en teatro y en novela: algunos de ellos tienen resonancias de sueño. Y tal vez ocurra lo mismo con el estribillo de muchas canciones: se obstina, vuelve, siempre igual, siempre cuando debe hacerlo, cada vez con un sentido diferente.

No es raro observar en el sueño un crescendo particular, una incongruencia que se acentúa conforme vamos avanzando. Una primera concesión arrebatada a la razón conlleva una segunda, que conlleva otra más grave, y así sucesivamente hasta el absurdo final. Pero esta marcha hacia el absurdo da al soñador una sensación singular. Es, creo, la que experimenta el bebedor cuando siente que se desliza agradablemente hacia un estado en el que ya nada contará para él, ni la lógica ni las reglas de urbanidad. Y ahora fíjese si algunas comedias de Molière no darían la misma sensación: por ejemplo *El señor de Pourceaugnac*, que empieza de manera casi razonable y prosigue con excentricidades de todo tipo, o *El burgués gentilhombre*, en la que los personajes, a medida que avanza la obra, tienen miedo de dejarse arrastrar por una vorágine de locura. "Si es posible encontrar uno más loco, iré a avisar a Roma": esta frase, que nos advierte de que la obra se

---

10. El autor vuelve a hacer referencia a la obra de teatro *Los litigantes* de Racine. [N. del T.].

ha terminado, nos hace salir del sueño cada vez más extravagante en el que nos estábamos sumiendo con el señor Jourdain.

Pero hay sobre todo una demencia que es propia del sueño. Hay algunas contradicciones especiales, tan naturales para la imaginación del soñador, tan inaceptables para la razón del hombre despierto, que sería imposible dar una idea exacta y completa de las mismas a quien no hubiese vivido la experiencia. Estamos aludiendo aquí a la extraña fusión que el sueño opera a menudo entre dos personas que ya son solo una pero siguen estando diferenciadas. De ordinario, uno de los personajes es el propio soñador. Siente que no ha dejado de ser lo que es; pero eso no le impide haberse vuelto otro. Es él y no es él. Se oye hablar, se ve actuar, pero siente que otro le ha quitado su cuerpo y se ha hecho con su voz. O bien tendrá conciencia de hablar y actuar como de costumbre, solo que hablará de sí mismo como de un extraño con el que ya no tiene nada en común; se habrá desligado de sí mismo. ¿Acaso no encontraríamos esta extraña confusión en algunas escenas cómicas? No hablo de *Anfitrión*, donde sin duda se sugiere la confusión a la mente del espectador pero donde el grueso de la comicidad procede más bien de lo que antes hemos llamado una "interferencia de dos series". Hablo de los razonamientos extravagantes y cómicos en los que esta confusión se encuentra de verdad en estado puro, si bien hace falta un esfuerzo de reflexión para extraerla. Escuche por ejemplo estas respuestas de Mark Twain al reportero que lo entrevista: "-¿Tiene usted un hermano? -Sí; lo llamábamos Bill. ¡Pobre Bill! -¿Está muerto? -Es lo que nunca hemos podido saber. Un gran misterio rodea este asunto. El difunto y yo éramos gemelos y, a los quince días de nacer, fuimos bañados en el mismo barreño. Uno de nosotros dos se ahogó, pero nunca se supo cuál. Unos piensan que fue Bill, otros que fui yo. -Curioso. ¿Pero usted qué piensa? -Mire, voy a contarle un secreto que aún no le he revelado a una sola alma viviente. Uno de nosotros dos tenía una seña particular, un enorme lunar en el dorso de la mano izquierda; y ése era yo. Ahora bien, ése fue el niño que se ahogó…, etc.". Fijándonos bien, veremos que el absurdo de este diálogo no es un absurdo cualquiera. Desaparecería si el personaje que habla no fuera precisamente uno de los gemelos de los que habla. Obedece al hecho de que Mark Twain declara ser uno de los gemelos, sin dejar de expresarse como si fuera un tercero que contase su historia. No procedemos de otro modo en muchos de nuestros sueños.

V

Considerada desde este último ángulo, la comicidad aparecería bajo un aspecto algo diferente al que le veníamos atribuyendo. Hasta ahora, hemos visto en la risa un método de corrección ante todo. Tome la continuidad de los efectos cómicos y aísle, de tarde en tarde, los arquetipos dominantes: le parecerá que los efectos intermedios deben su vis cómica a su semejanza con dichos arquetipos y que los arquetipos mismos son diferentes modelos de impertinencia hacia la sociedad. A dichas impertinencias la sociedad replica con la risa, que es una impertinencia aún mayor. Así pues, la risa no sería muy indulgente que digamos. Más bien respondería al mal con el mal.

Pero no es eso lo primero que llama la atención en la impresión de lo risible. El personaje cómico suele ser un personaje con el que empezamos simpatizando materialmente. Quiero decir que nos ponemos un brevísimo instante en su lugar, que adoptamos sus gestos, sus palabras, sus actos, y que aunque nos divirtamos con lo que tiene de risible, lo estamos convidando, en nuestra imaginación, a divertirse con nosotros: lo tratamos primero como un amigo. Hay pues en el que ríe al menos una apariencia de sencillez, de amable jovialidad, que sería un error no tomar en consideración. Hay sobre todo en la risa un movimiento de *distensión*, resaltado con frecuencia, del que tenemos que buscar el motivo. Nunca esa impresión fue más perceptible que en nuestros últimos ejemplos. Ahí será también donde hallaremos la explicación.

Cuando el personaje cómico sigue su idea de forma automática, termina pensando, hablando, actuando como si soñase. Ahora bien, el sueño es una distensión. Permanecer en contacto con las cosas y los hombres, ver solo lo que es y pensar solo lo que se sostiene es algo que exige un esfuerzo ininterrumpido de tensión intelectual. La sensatez es ese esfuerzo. Es trabajo. ¿Pero qué es desligarse de las cosas y sin embargo seguir percibiendo imágenes, romper con la lógica y sin embargo seguir ensamblando ideas? Pues no es más que un juego o, si se prefiere, pereza. De manera que el absurdo cómico nos da primero la impresión de ser un juego de ideas. Nuestro primer impulso es unirnos al juego, pues nos permite descansar de la fatiga de pensar.

Pero diríamos lo mismo de las otras formas de lo risible. En el fondo de la comicidad siempre está, decíamos, la tendencia a dejarse deslizar por una fácil pendiente, que la mayor parte del tiempo es la pendiente de la costumbre. Ya uno no busca adaptarse y readaptarse sin tregua a la sociedad de la que es miembro. Se relaja de la atención que le debe a la vida. Se parece más o menos a un distraído. Distracción de la voluntad, lo concedo, tanto y más que de la inteligencia. Pero distracción al fin y, por lo tanto, pereza. Uno rompe con las reglas de urbanidad como antes rompía con la lógica. Y además parece que está jugando. Aquí también nuestro primer impulso es aceptar la invitación a la pereza. Al menos por un instante entramos en el juego, pues nos permite descansar de la fatiga de vivir.

Pero solo descansamos un instante. La simpatía que puede haber en la impresión de la comicidad es una simpatía bien huidiza, que también se debe a una distracción. Es lo que hace que un padre severo se una en ocasiones, por descuido, a una travesura de su hijo, justo antes de detenerse y corregirla.

La risa es, ante todo, una corrección. Hecha para humillar, debe causar en la víctima una impresión dolorosa. La sociedad se venga así de las libertades que se han tomado con ella. La risa no alcanzaría su objetivo si llevase la marca de la simpatía y la bondad.

¿Se objetará que al menos la intención puede ser buena, que a menudo hacemos llorar porque queremos bien y que la risa, al reprimir las manifestaciones exteriores de algunos defectos, nos invita, en nuestro beneficio, a corregir incluso esos defectos y a mejorar interiormente?

Habría mucho que decir sobre eso. Normalmente y en líneas generales, la risa ejerce sin duda una función útil. Todos nuestros análisis tendían a demostrarlo. Pero de ahí no se deriva que la risa dé siempre en el blanco ni que la inspire un pensamiento de benevolencia, ni siquiera de equidad.

Para dar siempre en el blanco, tendría que proceder de un acto de reflexión. Ahora bien, la risa es simplemente el efecto de un mecanismo montado en nosotros por la naturaleza o, lo que es más o menos lo mismo, por una muy prolongada práctica de la vida social. Sale sola, es una réplica de veras inmediata. No tiene tiempo de mirar cada vez dónde da. La risa castiga ciertos defectos más o menos como la enfermedad castiga ciertos excesos, atacando inocentes, perdonando culpables, buscando un resultado general y sin poder honrar a cada caso individual con un examen específico. Es lo mismo con todo lo que se realiza por vías naturales en lugar de hacerse mediante reflexión consciente. Un promedio de justicia podrá aparecer en el resultado global, pero no en el detalle de los casos particulares.

En este sentido, la risa no puede ser absolutamente justa. Repetimos que tampoco es que deba ser buena. Su función es intimidar humillando. No lo conseguiría si la naturaleza no hubiese dejado a tal efecto, en los mejores hombres, un pequeño poso de maldad, o al menos de malicia. Quizá sea mejor que no profundicemos demasiado en este aspecto. Nada de lo que hallásemos nos cubriría de gloria. Veríamos que el movimiento de distensión o de expansión no es más que un preludio de la risa, que el que ríe se sumerge al instante en su interior, se afirma a sí mismo con más o menos orgullo y tendería a considerar al otro como una marioneta cuyos hilos maneja él. Dentro de esta presunción tardaríamos bien poco en destapar un punto de egoísmo y, detrás de ese egoísmo, algo menos espontáneo y más amargo, no sé qué pesimismo incipiente que se afirma más y más a medida que el que ríe va razonando su risa.

En esto, como en otras cosas, la naturaleza ha utilizado el mal por el bien. Es sobre todo el bien lo que nos ha preocupado durante todo este estudio. Nos ha parecido que la sociedad, a medida que se perfeccionaba, lograba de sus miembros una flexibilidad de adaptación cada vez mayor, que tendía a equilibrarse cada vez mejor en el fondo, que expulsaba cada vez más a su superficie las perturbaciones inseparables de una masa tan grande y que la risa cumplía una función útil al subrayar la forma de tales ondulaciones.

Así es como las olas luchan sin tregua en la superficie del mar, mientras las capas inferiores observan una paz profunda. Las olas chocan entre sí, se oponen, buscan su equilibrio. Una espuma blanca, ligera y alegre sigue sus cambiantes contornos. A veces la marea hacedora abandona un poco de esa espuma en la arena de la playa. El niño que juega cerca de ahí se acerca a recoger un puñado de la misma y al instante se asombra de que ya no le queden en la mano más que unas gotas de agua, pero de un agua mucho más salada, mucho más amarga todavía que la de la ola que la trajo. La risa nace como esa espuma. Señala, en el exterior de la vida social, las rebeliones superficiales. Dibuja instantáneamente la forma móvil de dichas sacudidas. Es también una espuma a base de sal. Como la espuma, chisporrotea. Es por la alegría. El filósofo que la recoge para probarla encontrará a veces que contiene, en una pequeña cantidad de materia, una cierta dosis de amargura.

Apéndice

Sobre las definiciones de la comicidad y sobre el método seguido en este libro

EN UN INTERESANTE ARTÍCULO de la *Revue du Mois*[11], el señor Yves Delage oponía a nuestra concepción de la comicidad su propia definición: "Para que algo sea cómico, decía, es menester que entre el efecto y la causa haya desarmonía". Como el método que condujo al señor Delage a dicha definición es el utilizado por la mayoría de los teóricos de la comicidad, no será vano mostrar en qué difiere del nuestro. Así pues, reproduciremos en lo esencial la respuesta que publicamos en la misma revista[12]:

> "Podemos definir la comicidad gracias a una o varias características generales, exteriormente visibles, encontradas en efectos cómicos recogidos aquí y allá. Un cierto número de definiciones así han sido propuestas desde

---

11. *Revue du Mois*, 10 de agosto de 1919; t. xx, p. 337 y siguientes.

12. Ibíd., 10 de noviembre de 1919; xx, p. 514 y siguientes.

Aristóteles; la suya me parece haber sido obtenida con este método: usted traza un círculo y muestra que unos efectos cómicos, tomados al azar, entran en él. Desde el momento en que un observador perspicaz ha notado las características en cuestión, estas pertenecen, sin duda, a lo que es cómico; pero creo que con frecuencia las encontraremos también en lo que no lo es. La definición será por regla general demasiado amplia. Satisfará –lo que ya es algo, lo reconozco– una de las exigencias de la lógica en materia de definición: habrá indicado alguna condición necesaria. Pero no creo que pueda, teniendo en cuenta el método adoptado, dar la condición suficiente. Prueba de ello es que varias de esas definiciones son igualmente aceptables, aunque no digan lo mismo. Y prueba de ello es sobre todo que ninguna de ellas, que yo sepa, facilita la manera de construir el objeto definido, de fabricar comicidad"[13].

Yo he probado algo totalmente distinto. He buscado en la comedia, en la farsa, en el arte del payaso, etc., los *procedimientos de fabricación* de la comicidad. He creído comprender que no eran sino variaciones sobre un tema más general. He señalado el tema, para simplificar; pero las que importan son sobre todo las variaciones. Sea como fuere, el tema facilita una definición general, que es en este caso una regla de construcción. De hecho reconozco que la definición así obtenida podrá parecer, a primera vista, demasiado restringida, de igual modo que

---

13. De hecho hemos mostrado brevemente, en numerosos pasajes de nuestro libro, la insuficiencia de algunas de dichas definiciones.

las definiciones obtenidas con el otro método eran demasiado amplias. Parecerá demasiado restringida porque, junto a la cosa que es risible por esencia y por sí misma, risible en virtud de su estructura interna, hay una multitud de cosas que hacen reír en virtud de algún parecido superficial con la anterior, o de alguna relación accidental con otra que se le parecía, y así sucesivamente; los giros que puede dar la comicidad no tienen fin, porque nos gusta reír y cualquier excusa es buena; el mecanismo de las asociaciones de ideas es aquí de una complicación extrema; de manera que el psicólogo que se haya dedicado al estudio de la comicidad con este método y haya debido afrontar dificultades constantemente renovadas en vez de acabar de una vez por todas con la comicidad encerrándola en una fórmula, siempre estará expuesto a que le reprochen no haber dado cuenta de todos los hechos. Cuando haya aplicado su teoría a los ejemplos que se le objetan y haya probado que han pasado a scr cómicos por un parecido con aquello que era cómico en sí mismo, se encontrarán otros con facilidad, y luego otros: siempre tendrá trabajo. En cambio, habrá aprehendido la comicidad, en lugar de encerrarla en un círculo más o menos amplio. Habrá facilitado, si ha salido airoso, la manera de fabricar comicidad. Habrá procedido con el rigor y la precisión del científico, que no cree haber avanzado en el conocimiento de algo por haberle adjudicado tal o cual epíteto, por acertado que este sea (siempre se encuentran muchos que se ajustan): es un análisis lo que hace falta, y estamos seguros de haber analizado a la perfección cuando somos capaces de reconstruir. Tal es la empresa que he tratado de llevar a cabo.

Añado que al mismo tiempo que he querido determinar los procedimientos de fabricación de lo risible, he buscado cuál es la intención de la sociedad al reír. Y es que resulta muy asombroso que riamos, y el método de explicación del que hablaba antes no aclara este pequeño misterio. No veo, por ejemplo, por qué la "desarmonía", por ser desarmonía, provocaría en los testigos una manifestación específica como la risa, mientras tantas otras propiedades, cualidades o defectos, dejan impasibles los músculos del rostro del espectador. Así pues, queda por buscar *cuál es el motivo especial de desarmonía* que genera el efecto cómico; y solo lo habremos encontrado de verdad si con él podemos explicar por qué, en tales casos, la sociedad se siente obligada a manifestarse. Hace falta que haya en el motivo de la comicidad algo que atente ligeramente (y específicamente) contra la vida social, ya que la sociedad replica con un gesto que tiene toda la pinta de una reacción defensiva, con un gesto que provoca un ligero miedo. De todo esto he querido yo dar cuenta.

OTROS TÍTULOS

La insurrección en Dublín
James Stephens

Apocalipsis
Karl Kraus

El fin de las pequeñas historias
Eduardo Grüner

La risa
Henri Bergson

La filosofía de las barbas
Thomas S. Gowing

Historia de los Pioneros de Rochdale
Georges J. Holyoake

El Falansterio
Charles Fourier

El entramado: el apuntalamiento técnico del mundo
Christian Ferrer

Los estudios culturales
Fredric Jameson

La política de la modernidad
Raymond Williams

¿Por qué la naturaleza nos hace envejecer?
Los nietos de Adán y Eva
Carles Zafón

La identidad cooperativa
Oscar Bastidas-Delgado

Las cooperativas escolares
Alicia K. de Drimer, Ernardo Drimer

www.margebooks.com